AF189691

Der Markt für Weizen

und die Möglichkeit, daran teilzunehmen

Rolf Steinkampf, Mönchevahlberg

Bibliographische Informationen der Deutschen Nationalbibliothek

Die Deutsche Nationalbibliothek verzeichnet diese Publikation in der Deutschen Nationalbibliografie, detaillierte bibliografische Daten sind im Internet unter http://dbn.dbn.de abrufbar.

Herstellung und Verlag:

BoD- Books on Demand, Norderstedt

ISBN 978-3-7460-1631-3

Inhalt

Einleitung

Weizen wird weltweit gehandelt. Er ist eines der wichtigsten Grundnahrungsmittel. Um die Warenströme, Produktionszahlen und Vorräte zu betrachten, gibt es hervorragende und seriöse Zahlengrundlagen. Diese sind oft kostenlos und aktuell zugänglich. Es gibt eine Vielzahl von Informationsquellen über Erntemengen, Wachstumsbedingungen, politische Entscheidungen und andere Einflussgrößen. Der Weizenmarkt ist von grundlegender Bedeutung für Gesundheit, Wohlstand und politische Stabilität sowohl in der Geschichte der Menschheit, als auch gerade in den vor uns liegenden Jahrzehnten.

Im öffentlichen und politischen Bewusstsein der Menschen in der Europäischen Union spielen Betrachtungen zur Versorgungssicherheit keine Rolle. Warum auch? Brötchen holt man beim Bäcker. Es ist doch alles da. Kornwucherer (1816) und Steckrübenwinter (1916) kennen wir nur aus den Geschichtsbüchern. Das wird sich ändern. Geschichtsbücher späterer Generationen werden hier wieder neue Ereignisse und die dadurch ausgelösten Völkerwanderungen und politischen und sozialen Umbrüche eintragen können.

Für viele Menschen klingt das Thema Weizenmarkt etwa so spannend wie die Lektüre eines Telefonbuches. Werden die Zahlen jedoch mit Leben erfüllt, schaut man sich die Zusammenhänge und Hintergründe genauer an, so kann aus dem vermeintlichen Telefonbuch eine fesselnde Erzählung werden.

Befasst man sich mit den Informationen rund um Weizen, sei es, um den Verkaufszeitpunkt festzulegen oder aus Interesse, so kann man einige Hilfsmittel gut nutzen, um selber als Spekulant [lat. speculare = beobachten] an der Börse teilzunehmen. Wichtig ist hierbei:

Meide die gefährlichen Vier

Euphorie, Panik Angst und Gier

Teil I

Informieren und beobachten

Anbauregionen

Weil die Erde sich hinsichtlich der Jahreszeiten in zwei Hälften unterteilen lässt, ist es sinnvoll, diese Unterteilung auch für den Markt eines unter freiem Himmel wachsenden Produktes anzuwenden. Die Erntezeitpunkte sind auf den beiden Erdhalbkugeln unterschiedlich, so dass sich über ein Getreidejahr gesehen wohl Ernteschwerpunkte ergeben, aber die Erntearbeiten dennoch, wenn auch ungleichmäßig, über das Jahr verteilt sind. Das Getreidejahr beginnt an der Leitbörse in Chicago mit dem Julikontrakt und endet mit dem Kontrakt zur Lieferung im Mai. Dieser Einteilung folgend beginnt die Ernte im Juni in den südlichen USA, in Texas und Kansas. Innerhalb der USA läuft die Ernte sich nach Norden vorarbeitend bis sie im August in Minnesota mit dem Sommerweizen endet. Der Übergang zur kanadischen Ernte ist fließend. Gleichzeitig wird auch in Europa und China im Juli und August Weizen geerntet. In Europa beginnt der Drusch im Süden und dauert in Großbritannien und Skandinavien vielleicht bis in den September hinein. In dieser Zeit wird auch die Ernte in Russland abgeschlossen.

Hinsichtlich der Menge ist die Ernte auf der Nordhalbkugel deutlich umfangreicher, als in den

Ländern südlich des Äquators, wo weniger als ein Viertel des gesamten Weizens auf der Welt geerntet wird.

Nach dem September entsteht eine kleine Erntelücke bis zur argentinischen Ernte, die wie in Australien im November beginnt und bis Dezember andauert. Das Getreidejahr schließt mit der indischen Ernte im April und Mai.

In die Struktur der Landwirtschaft in den verschiedenen Ländern der Welt gibt das Buch „Landwirtschaft in aller Welt"[1] einen sehr guten Einblick. An dieser Stelle sollen nur kurz einige Besonderheiten und Eckdaten dargestellt werden.

Nordhalbkugel

USA

In den USA haben die größten Agrarhandelsunternehmen der Welt ihren Sitz. In Minnesota Cargill und in Chicago Archer Daniels Midland. Der dritte große global Player Bunge hat seinen Hauptsitz in New York. Glencore stammt

---

[1] Stefanie Strebel; Landwirtschaft in aller Welt; Agrimedia

ebenfalls aus den USA, ist heute aber ein Schweizer Unternehmen. In den USA wurden das System des Hedging entwickelt und die bis heute führenden Warenterminbörsen dazu gegründet. Die USA und damit das Landwirtschaftsministerium USDA haben die absolute Deutungshoheit über die Statistiken für Getreideerzeugung, Vorräte und Verbrauch. Dahinter verblassen die Aufstellungen und Meldungen des Internationalen Getreiderates oder der UNO.

Die USA erzeugen nach China und Indien den meisten Weizen weltweit. Mengenmäßig deutlich wichtiger ist in den USA der Mais. Die USA sind sehr früh nach der Besiedlung durch Europäer als Exportnation für Agrarprodukte aufgetreten.

Es gibt mehrere Qualitätsstufen für US- Weizen, von denen die Wichtigsten im Anbauumfang der Hard red Winter, der Hard red Spring und der Soft red Winter sind. Der Hard red Winter hat sein Hauptanbaugebiet in Kansas, Texas und Oklahoma. Er wird an der Börse in Kansas gehandelt und deswegen auch als Kansas Wheat bezeichnet. Er ist der Brotweizen unter den drei. Etwa halb so viel Menge entfällt auf den Sommerweizen Hard red Spring, dessen Anbauschwerpunkt in North Dakota liegt.

Daneben wächst er in South Dakota, Minnesota und Montana. Sein Handelsplatz ist in Minneapolis. Dieser Minneapolis Wheat ist der Qualitätsweizen in den USA, aus dem anspruchsvolle Backwaren wie Croissant oder asiatische Nudeln hergestellt werden. Der Grundmahl- und Futterweizen ist der Soft red Winter, der nach seinem Handelsplatz auch Chicago Wheat genannt wird. Er wird unterhalb der großen Seen in Ohio, Indiana, Illinois, Missouri und entlang des Mississippi angebaut ebenso wie in den Staaten bis zur Ostküste. Obwohl sein Anbaugebiet groß ist, wird nur etwa ein Drittel der Menge des Kansas Wheat produziert. Ähnlich dem deutschen Keksweizen ist er wegen seiner geringeren Proteinwerte auch gut zum Backen von Keksen geeignet.

Die Saatzeiten der Sommer- und Winterweizen sind ähnlich wie in Deutschland. Das Erntefenster der Weizen ist in den USA wegen der Ausdehnung des Landes sehr groß. Es gibt Mähdrescherkolonen, die im Juni in Texas oder Oklahoma mit dem Winterweizen beginnen und dann der Abreife folgen, bis sie im September an der kanadischen Grenze mit dem Sommerweizen fertig werden, um danach noch andere Früchte wie Mais und Soja zu ernten.

Durchschnittlich werden in den überwiegend Familienbetrieben etwa 3 t Weizen je Hektar geerntet. Klimatisch steht der Weizen in vielen Gebieten in Konkurrenz zu Mais und Soja. Soja hat etwa den gleichen Mengenertrag bei doppeltem Preis. Seit Jahren nimmt die Weizenanbaufläche immer weiter ab und hat inzwischen den Stand von 1919 erreicht.

Kanada

Dieses große Land hat trockene Sommer und lange kalte Winter. Deswegen werden hauptsächlich Sommerkulturen angebaut. Der Ackerbau findet im Wesentlichen in einem etwa 600 km breiten Streifen nördlich der Grenze zu den USA statt. Neben dem dominierenden Sommerweichweizen wird in Saskatchewan und Manitoba auch Durum ausgesät. Dieser kanadische Hartweizen ist weltweit beliebt und führend zur Herstellung von Pasta.

Die Betriebsstruktur in Kanada ist ähnlich wie in den USA mit großen Familienbetrieben. Der Weizenertrag liegt mit 3 t je Hektar ebenfalls auf gleicher Höhe. Auch in Kanada geht die Anbaufläche wegen geringer Weizenpreise ständig zurück. In 2017 wurde erstmals mehr Canola, der kanadische Raps (canadian Oil) angebaut, als Weizen.

Europäische Union

In der EU sind Frankreich, Deutschland, Polen, Großbritannien und Rumänien die wichtigsten Weizenerzeuger, wenngleich er in allen EU-Ländern angebaut wird. Innerhalb der EU schwanken die Jahreserträge recht stark. Für die EU gesamt betrachtet gleichen sich die wetterbedingten Schwankungen meist ganz gut aus, so dass dieses Gebiet als eines der mit den verlässlichsten Erntemengen betrachtet werden kann. Die Flächenerträge liegen in Deutschland und Frankreich zwischen sieben und neun Tonnen je Hektar. In Europa gibt es hauptsächlich Familienbetriebe sehr unterschiedlicher Größen. Der wichtigste Getreidehafen sowohl für den Export, als auch bei der Einfuhr ist Rouen an der Seine. Gesät wird Winterweizen zwischen Ende September und November. Geerntet wird im Juli und August. In Skandinavien kann sich die Ernte der dort meist angebauten Sommerweizen bis Ende September hinziehen.

Russland

Russland ist riesig und die Rechtsunsicherheit ist es ebenfalls.[2] Die Struktur der Landwirtschaft ist ganz anders, als in den bisher beschriebenen

---

[2] Russland- Der Bauernkrieg; ARD Weltspiegel vom 7.8.2016

Regionen. Weder im Zarenreich, noch in der Sowjetunion konnte sich ein freier mittelständischer Bauernstand entwickeln, der wie in anderen Ländern die Grundlage für politische Stabilität geschaffen hat. Auch in der postsowjetischen Zeit ist dies nicht möglich gewesen, weil der Staat nicht die Rechtsgrundlagen dafür geschaffen hat. Politisch gewollt und gefördert werden vielmehr Agrarholdings von unfassbarer Größe. Diese Betriebe sind politisch leicht zu führen und stellen deswegen keine Gefahr für den Kreml dar. Eines der größten Agrarunternehmen ist die Ekosem Agrar mit fast 200.000 ha und 3400 Mitarbeitern. Sie wurde 1993 von dem Odenwälder Stefan Dürr gegründet und wird von ihm bis heute erfolgreich geleitet.

Ackerbau findet hauptsächlich im Agrardreieck von der Westgrenze Russlands an der Wolga entlang bis zum südlichen Ural und an der Grenze zu Kasachstan statt. Die Weizenerträge im kontinentalen Klima liegen auf nordamerikanischem Niveau.

Ukraine

Die Ukraine war die Kornkammer der Sowjetunion. Eine Deutung der Flagge besagt, dass sie den blauen Himmel über reifen

Weizenfeldern zeigt. Aus den Kolchosen sind Nachfolgebetriebe hervorgegangen, die heute den Ton angeben. Familienbetriebe mittlerer Größe gibt es kaum, aber eine große Zahl von Selbstversorgern mit bis zu 2 ha Fläche.

Die Lage am Schwarzen Meer begünstigt den Export des fast im ganzen Land angebauten Weizens. Die Erträge unterliegen je nach Regenmenge starken Schwankungen um den Durchschnitt von 4 t/ ha.

Kasachstan

Die Nachfolgebetriebe der Kolchosen sind in Kasachstan noch größer, als in Russland. Manche sind so groß wie Zypern. Daneben gibt es auch Familienbetriebe und wie in der Ukraine Selbstversorger. Haupteigentümer des Ackers ist der Staat. Weite Teile Kasachstans sind Wüsten und Halbwüsten. Weizen wird vor allem an der Grenze zu Russland angebaut. Wasser begrenzt den Ertrag auf etwa eine Tonne Weizen je Hektar. Die Schwankungen sind dabei sehr groß, je nach Regen.

Weil Kasachstan keinen Hochseehafen hat beliefert es vor allem die Nachbarländer China, Usbekistan, Kirgisistan und Tadschikistan per Bahn sowie Iran und Afghanistan über das Kaspische Meer.

China

China ist ein sehr großes Land mit sehr kleinen Betrieben, die oft nur wenige Hektar bewirtschaften. Das Risiko von Überschwemmungen und Dürren ist sehr groß. Das in 2005 eingeführte an die Produktion von Feldfrüchten wie Weizen und Mais gekoppelte Subventionsprogramm ist sehr erfolgreich. Durch seine hohen Vorräte bestimmt China heute die niedrigen Weltmarktpreise für Weizen und Mais, ohne wesentlich an diesen Märkten teilzunehmen. Sein Importbedarf an Soja hingegen treibt den Sojapreis, so dass sich Anbauverschiebungen in anderen Exportnationen ergeben haben.

Hungersnöte sind ein chinesisches Trauma, das die kommunistische Führung mit dem Agrarprogramm überwinden möchte. Vorräte schaffen ist erklärtes Staatsziel. In dieser Frage der Versorgungssicherheit unterscheidet sich China deutlich von den meisten anderen Ländern.

Hauptanbaugebiet für Weizen ist im Osten Chinas südlich von Peking im Mündungsdelta des Gelben Flusses und des Jangtsekiangs. Hierdurch erklärt sich auch die hohe Gefahr von

Überschwemmungen. Die Provinzen Henan, Jiangsu und Anhui sind die wichtigsten Gebiete für Weichweizenanbau. Meldungen örtlicher Analysten über Minderertäge wegen Starkregen finden oft weder Niederschlag in offiziellen Zahlen, noch in den Daten des USDA.[3]

Obwohl Chinas Landfläche sich sehr weit ausdehnt ist für den Weizenanbau eine relativ kleine Region entscheidend. Die Provinzen, die den wesentlichen Teil der Weizenerzeugung tragen, sind etwa so groß wie Deutschland.

Der größte staatliche Vorratshalter Sinograin gibt keine Auskunft, wieviel Weizen oder Mais er in den Lägern hat. Das ist insofern wichtig, da die hohen chinesischen Vorräte zwar errechnet wurden, der Nachweis ihrer tatsächlichen Existenz aber ausbleibt. Es handelt sich um Schätzungen. Die seit Jahren niedrigen Getreidepreise weltweit begründen sich folglich auf Vorräten, deren Vorhandensein lediglich vermutet wird. Dennoch werden von den USDA auch ein Jahr rückwirkend die chinesischen Anfangsbestände mal eben um 5 Mio. t heraufgesetzt, wenn China das meldet, obwohl dieses kommunistische Land einen

---

[3] https://www.agweb.com/article/china-rain-seen-damaging-crop-output-quality-blmg/ 21.06.2016

tatsächlichen Nachweis der Gesamtvorräte schuldig bleibt. So kann es sein, dass private Analysten wie Strategie Grains den Weltvorrat an Weizen um 50 Mio t oder ein Fünftel niedriger schätzen, als das USDA.[4] Da aber das US Ministerium die Deutungshoheit hat, verhallt dieser Hinweis an den Börsen und in der Politik ungehört.

Indien

In Indien wird der Weizenpreis ebenso wie in China vom Staat festgelegt. Er liegt ebenfalls etwa 1/3 höher, als der Weltmarktpreis. In beiden Ländern zusammen unterliegt somit fast ein Drittel der weltweiten Weizenmenge einem staatlichen Festpreis oberhalb des Weltmarktpreises.

Bezeichnenderweise heißt das indische Ministerium „Agriculture and Farmers Welfare" Das ist ein bedeutender Unterschied im Regierungsauftrag zum Zusatz „Agriculture and rural Developement" bei Landwirtschaftsministerien anderer Länder.

Der Weizenertrag liegt bei 3t/ ha. Von Oktober bis Dezember wird Weizen gesät. Geerntet wird im April und Mai. Die indische Ernte bildet den

---

[4] Konrad Weiterer, Land und Forst 14. Juli 2016

Abschluss des internationalen Getreidejahres. In dieser Zeit wird schon wieder intensiv auf die anstehende Ernte der Nordhalbkugel geschaut. Die ersten Ertragsprognosen für Indien werden etwa ab Ende Oktober diskutiert, wenn die Anbaufläche abgeschätzt werden kann.

Südhalbkugel

Argentinien

An der Küste und im Landesinneren etwa ab Landesmitte gen Norden wird Weizen von Mai bis Juni gesät. Die Ernte in hauptsächlich den Provinzen Buenos Aires, Santa Fe und Cordoba erfolgt bei einem Ertrag um 3 Tonnen je Hektar im November und Dezember. Auch in Argentinien ging die Weizenfläche zugunsten von Mais und Soja deutlich zurück.

Die Betriebsstruktur ist sehr vielfältig von klein bis sehr groß. Der landwirtschaftliche Export spielt in Argentiniens Wirtschaft eine große Rolle.

Australien

Australien ist groß und trocken. Ackerbau erfolgt nur in einem Streifen entlang der Südwestküste bei Perth und der Südostküste von Adelaide über Melbourne und Sydney bis Brisbane.

Die überwiegend Familienbetriebe bewirtschaften meist um die 3000 ha Land, manche auch über 10.000 ha. Der weltgrößte Betrieb heißt S. Kidman & Co. Ltd. und hat 11 Mio. Hektar Fläche zur Bewirtschaftung. Das ist so groß wie Katar, Jamaika oder der Libanon. Aussaatzeit des Winterweizens ist April bis Juni. Geerntet werden je nach Regen zwischen einer und zwei Tonnen je Hektar im November und Dezember.

Natürlich wird auch in vielen weiteren Ländern der Erde Weizen angebaut. Im Rahmen dieses Buches sollen aber nur die wichtigsten betrachtet werden.

Welthandel und Vorräte

Weltweit wird zwischen den Nationen, also international im Wortsinn, nur knapp ein Viertel der gesamten Erntemenge gehandelt. Das bedeutet, dass der größte Teil direkt in den Ländern verbraucht wird, in denen er erzeugt wird. Die Menge der gelagerten Vorräte über die nächste Ernte hinaus ist im Verhältnis zum Bedarf in den einzelnen Ländern sehr unterschiedlich. China lagert mehr als einen Jahresbedarf. Das hintere Ende bildet die EU. Hier lagern nur 8 % des Verbrauchs eines Jahres. Diese Menge reicht für nur vier Wochen über die nächste Ernte hinaus.

Die Vorräte an Weizen in der Welt sind sehr ungleich verteilt. Etwa die Hälfte aller Vorräte lagern in China. China hat aber nur einen Anteil von 0,5 % an den Exporten weltweit. Das bedeutet, dass China diese Vorräte im Land behält und sie nicht für den Export vorgesehen hat. Deshalb ist es sinnvoll, den Weltvorrat auch zu betrachten, nachdem die chinesischen Zahlen herausgerechnet wurden. Dann fällt die weltweite Weizenreserve von 35 auf 22 % des Jahresbedarfs. Das bedeutet, dass über die gesamte Erde einschließlich China betrachtet, die Vorräte an Weizen für fast fünf Monate über die neue Ernte hinaus reichen. Wird Chinas Vorrat und Bedarf herausgenommen, so wäre die Versorgung für nur noch knapp drei Monate gesichert, falls die neue Ernte ausfiele.

Lagerhaltung über die neue Ernte hinaus erfolgt auf den landwirtschaftlichen Betrieben genau wie beim Landhandel nur in Ausnahmefällen. So versuchen Amerikanische Farmer derzeit, durch Überlagern über die Ernte hinaus den schlechten

Preisen zu entkommen, was die dortigen hohen Vorräte erklärt.

Die Läger werden i.d.R. zur neuen Ernte geräumt, gereinigt und desinfiziert, um dem Befall mit Vorratsschädlingen vorzubeugen und genug Platz zur Aufnahme des neuen Weizens zu haben. Es gibt hierbei Ausnahmen, wie z.B. die Bevorratung von Futter für das Vieh, das nicht unbedingt erntefrisches Korn fressen soll. Es sind aber auch die Bestände in der laufenden Verarbeitung, wie den Mühlen und Mischfutterwerken.

Der Verkauf des Getreides vor der nächsten Ernte ist beim Landwirt oder Landhandel natürlich auch deshalb notwendig, weil anderenfalls die entsprechenden Einnahmen fehlen.

Sollen in einem Land größere Mengen Weizen überjährig gelagert werden, so kommen dafür nur vom Staat betriebene oder angemietete Läger in Frage. Deshalb wird überjähriges Lagern größerer Weizenmengen auf längere Sicht immer nur dann erfolgen, wenn dies politisch gewollt ist.

In China und anderen asiatischen Ländern ist es gewollt, in der EU nicht.

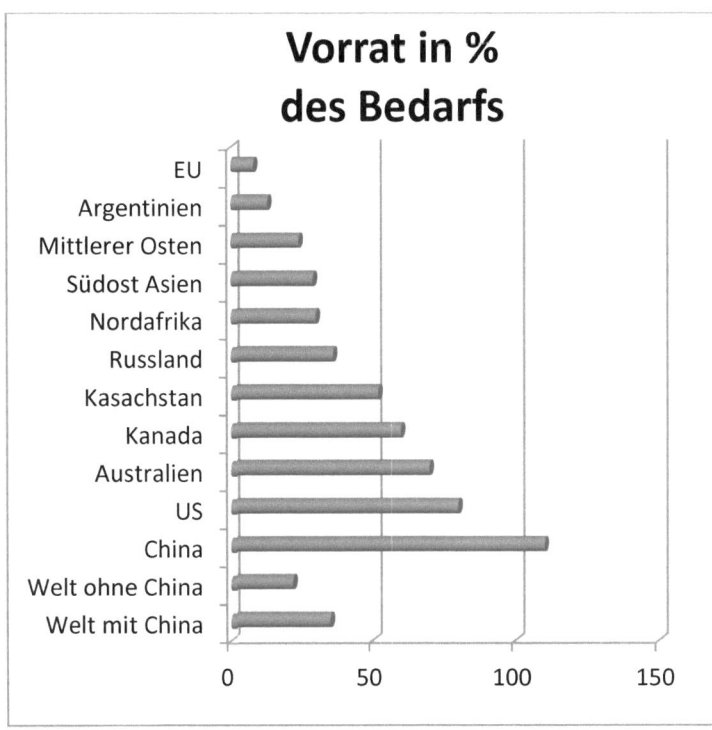

Vorrat in %
des Bedarfs

Der Weltvorrat im Verhältnis zum Verbrauch ist die wichtigste Zahl, auf die Börsenteilnehmer achten. Bei Weizen gilt ein Vorrat von mehr als 20 % als gute Versorgung. Daneben ist aber auch der entsprechende Wert für alle Getreide zusammen oder den Mais für sich zu beachten. Sie können dem IGC Bericht entnommen werden.

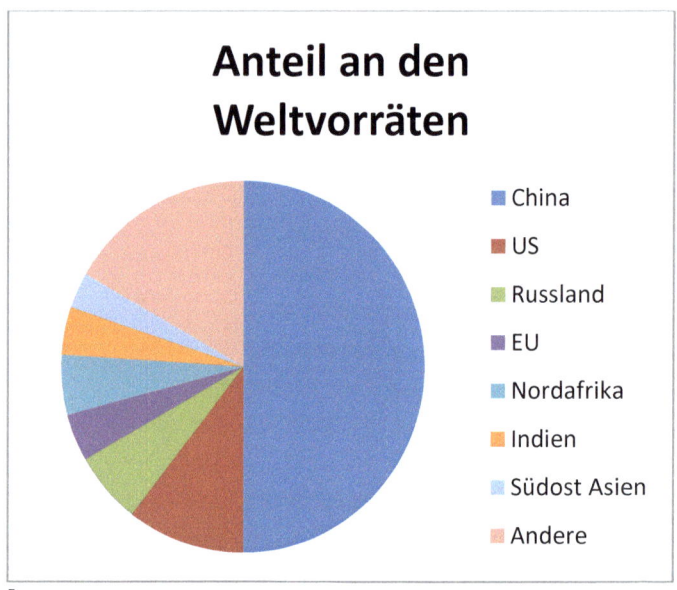

Anteil an den Weltvorräten

- China
- US
- Russland
- EU
- Nordafrika
- Indien
- Südost Asien
- Andere

5

Exporteure

Die Länder gehen mit der Frage des Exports unterschiedlich um. Da ist auf der einen Seite Russland, dessen Präsident Putin den Weizenexport zum politischen Ziel erklärt hat. Auf der anderen Seite steht China, das am Welthandel im Saldo von Export und Import so gut wie nicht teilnimmt und die Versorgungssicherung der eigenen Bevölkerung als Priorität setzt. Dazwischen steht die Vielzahl der Länder, deren Landwirte Weizen unter privatwirtschaftlichen

---

[5] WASDE Report September 2017

Gesichtspunkten erzeugen und zum jeweils besten Preis verkaufen wollen. Hier ist der Export in den von der Natur begünstigten Überschussregionen der Erde ein wichtiger Absatzweg. Der Zugang zum Export wird hierbei durch Währungsschwankungen, Exportbeschränkungen, Steuerregeln oder Ausfuhrzölle beeinflusst.

Der Handel zwischen den Nationen erfolgt anders als bei vielen anderen Waren i.d.R. nicht direkt zwischen Käufer und Verkäufer, sondern über die stattlichen Stellen. Diese schreiben in den Importländern sogenannte Tender aus, wenn sie Bedarf von den Verarbeitern im Land gemeldet bekommen oder diesen selbst ermittelt haben. Tender umfassen meist mindestens eine Schiffsladung mit 60.000 t oder ein Vielfaches davon. Diese Tender geben den Lieferort und meist auch die Liefermenge vor. Das Importland füllt mit dem niedrigsten Gebot beginnend den Tender solange auf, bis die gewünschte Menge erreicht ist. Händler, die exportieren wollen und auf solche Tender bieten, müssen in den meisten Ländern eine Exportlizenz ziehen (beantragen). Die Meldungen, welche Länder bei welchen Tendern zum Zug kommen, werden in der Handelswelt aufmerksam verfolgt.

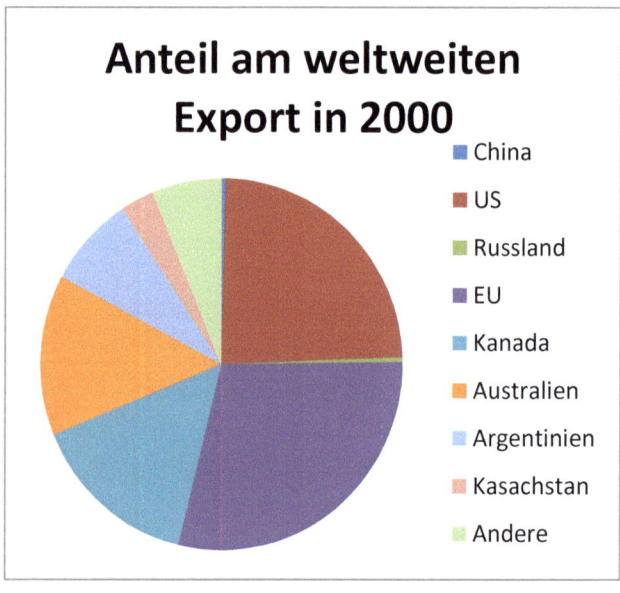

Anteil am weltweiten Export in 2000

- China
- US
- Russland
- EU
- Kanada
- Australien
- Argentinien
- Kasachstan
- Andere

In den letzten Jahren haben sich die Anteile der Länder am Export deutlich verschoben. In absoluten Zahlen hat die Exportmenge von 127 Mio t in 2000 auf 180 Mio t in 2017 zugenommen. Während im Jahr 2000 die USA, die EU, Kanada, Australien und Argentinien als die klassischen Exportländer 90 % der Weizenexporte auf der Welt lieferten, sind in den letzten Jahren zunehmend Russland, Kasachstan und die Ukraine als Exporteure aufgetreten und beliefern zusammen derzeit fast ein Drittel der international

[6] WASDE Report September 2000

ausgeschriebenen Weizenkäufe. Gerade zum Hauptimporteur Ägypten sowie dem gesamten Nordafrika und Mittleren Osten sind die Schwarzmeerländer wegen der geringeren Frachtraten gegenüber den Amerikanern im Vorteil.

Die absoluten Weizenmengen der traditionellen Lieferländer sind dabei unter Berücksichtigung der normalen Jahresschwankungen näherungsweise gleich geblieben. Stark vereinfacht kann man somit sagen, dass die drei ehemaligen Sowjetrepubliken Russland, Ukraine und Kasachstan die durch die stetig gestiegene Nachfrage nach Weizen entstandene Versorgungslücke bisher geschlossen haben.

Zu der wichtigen Frage, wie weit die Weizenproduktion in Russland noch gesteigert werden kann, hat das Leibniz Institut für landwirtschaftliche Entwicklung im August 2014 die Ergebnisse einer umfangreichen Studie veröffentlicht.[7] In der Summe war Russland demnach von 2014 aus gerechnet in der Lage, die jährliche Weizenernte durch Ertragssteigerung auf

---

[7] Leibniz Institute of Agricultural Development; August 2014; The Potential of Russia to increase its wheat production through cropland expansion and intensification

den Feldern und Anbauausdehnung auf bisher ungenutzte Flächen um 9 bis 32 Mio t Weizen zu steigern. Bis 2017 ist die russische Ernte von 56 Mio t auf 81 Mio t gestiegen. Somit wurden bisher von den prognostizierten bis zu 32 Mio t bereits 25 Mio t mehr Erntemenge erreicht. Der Untersuchung des Leibniz Institutes folgend, bleibt damit nicht mehr viel Luft nach oben.

Häufig wird in Publikationen auf Millionen Hektar brachliegendes Ackerland in der ehemaligen Sowjetunion verwiesen, das nach 1990 aufgegeben wurde. Es handelt sich dabei um Flächen, die unter Nikita Chruschtschow zwischen 1954 und 1960 in der „Neulandkampagne" in die Getreideproduktion einbezogen wurden. Großteils waren und sind diese Steppengebiete viel zu trocken, haben starke Stürme oder sehr lange Winter. Schon damals wandte die kasachische Parteiführung ein, dass die Böden dafür ungeeignet seien. Die Parteiführung wurde abgelöst. [8]

Zu berücksichtigen ist, dass die drei Länder Russland, Ukraine und Kasachstan ein stark kontinentales Klima haben. Statistisch gesehen

---

[8] Informationsdienst zur politischen Bildung Nr. 323 S.14 3/2014; Sowjetunion II: 1953-1991

kommt es in Russland alle sieben Jahre zu einer ausgeprägten Dürre. Die letzte war in 2012, als in Russland großflächig die Steppe brannte und die Regierung einen Exportstopp auf Weizen verhängte. Zugleich war es in den Great Plains sehr trocken. Die Mais- und Weizenpreise schnellten international in die Höhe. In vielen Ländern wie z.B. Mexiko kam es zu politischen Unruhen.

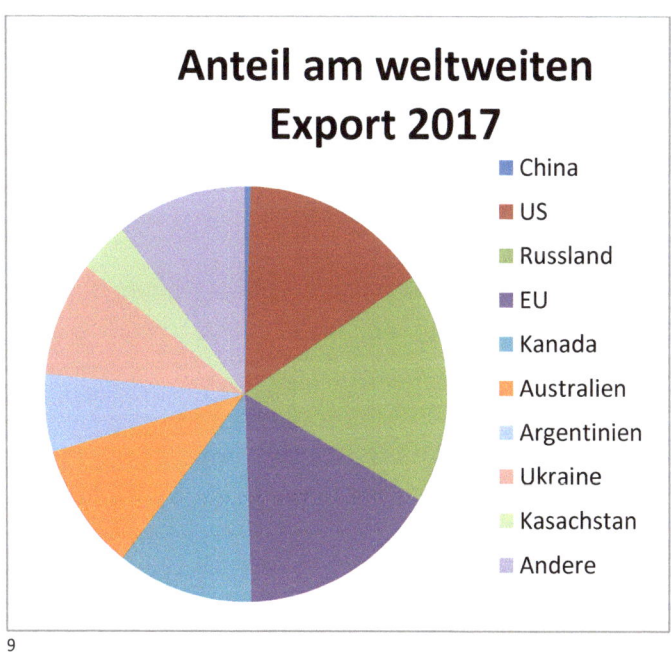

Anteil am weltweiten Export 2017

- China
- US
- Russland
- EU
- Kanada
- Australien
- Argentinien
- Ukraine
- Kasachstan
- Andere

[9]

---

[9] WASDE Report September 2017

Importeure

Die Importeure werden im WASDE Report teilweise in Gruppen zusammengefasst. 40 % der Importe erfolgen durch die Ländergruppen Nordafrika (16 %), Südostasien (14 %) und Mittlerer Osten (10 %). Die Gruppe Nordafrika bilden im WASDE Report Algerien, Ägypten, der Hauptimporteur weltweit, Lybien, Marokko und Tunesien. Zur Gruppe Südostasien gehören Indonesien, Malaysia, Philippinen, Thailand und Vietnam. Die dritte große Gruppe der Importeure werden als Mittlerer Osten mit Libanon, Irak, Iran, Israel, Jordanien, Kuwait, Saudi Arabien, Jemen, Vereinigte Arabische Emirate und Oman zusammengefasst.

Es wird deutlich, dass unter diesen Hauptimporteuren viele Länder mit großem Bevölkerungswachstum sind. Auch gehören viele Länder mit instabilen politischen Verhältnissen dazu. Schon ein Blick auf Google Earth zeigt zudem deutlich, dass gerade die Importländer in Nordafrika und im mittleren Osten wegen zu geringer Niederschläge nicht in der Lage sind, eine Eigenversorgung mit Weizen zu erreichen. Mit dem Weizen wird somit indirekt Wasser in diese teils sehr trockenen Staaten importiert. In Nordafrika und dem Mittleren Osten liegt der

Import bei ungefähr 50 % des Bedarfs, in Südostasien wird der gesamte Bedarf durch Importe gedeckt.

Insgesamt erhalten diese Hauptimporteure zwar 40 % der weltweiten Importe, das sind aber nur etwa 9 % der Weltproduktion an Weizen. Schon eine um 10 % verringerte Ernte, wie 2012 (658 Mio t zu 744 Mio t in 2017), würde erhebliche Versorgungsschwierigkeiten in genau diesen Ländern hervorrufen.

China

China nimmt im Weltmarkt eine absolute Sonderstellung ein. Im Saldo von Export und Import hat China nur unbedeutenden Anteil am Weizenhandel mit anderen Nationen. Dennoch haben die sehr hohen Vorräte entscheidenden Preiseinfluss. An der Börse wirkt der hohe Weltvorrat seit 2013 stark preisdrückend.

In China lagern etwa 50 % des Weltvorrats, obwohl dort nur etwa 18 % der Welterzeugung stattfindet. Diese Vorräte resultieren aus dem seit 2006 bestehenden staatlichen Ankaufprogramm zu festen Preisen, das Weizen, Mais und Baumwolle umfasste. Das Programm sichert ein Einkommen für die etwa eine Milliarde Menschen umfassende chinesische Landbevölkerung und beugt Mangelsituationen wie in der Kulturrevolution und somit politischen Unruhen vor. Die Schattenseite ist, dass China, das Mutterland der Sojabohne, derzeit 86 % seines Sojabedarfs importiert, das sind 60 % aller weltweiten Exporte. Eine planwirtschaftliche Fehlsteuerung, der die chinesische Regierung derzeit durch Änderungen im Programm zugunsten von Soja entgegenwirkt. Die USA haben bei der WTO Klage gegen das Programm eingelegt.

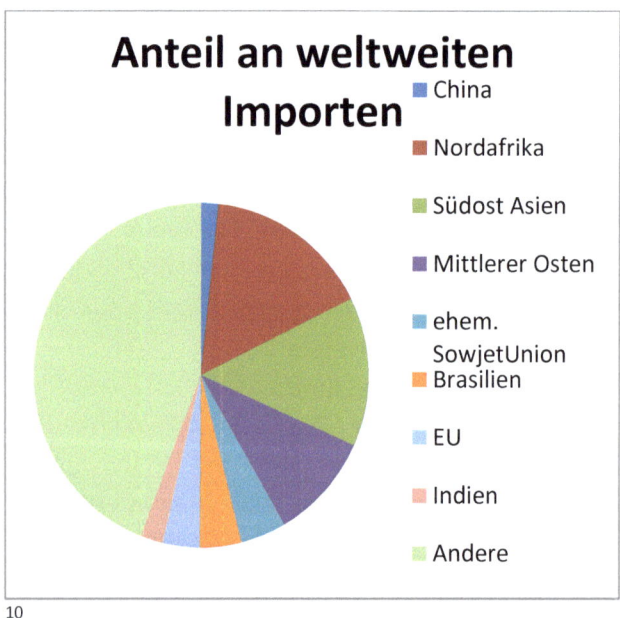

Anteil an weltweiten Importen

- China
- Nordafrika
- Südost Asien
- Mittlerer Osten
- ehem. SowjetUnion
- Brasilien
- EU
- Indien
- Andere

10

---

[10] WASDE Report September 2017

Erzeugung, Verbrauch und Vorräte

Die geerntete Weizenmenge steigt unter leichten Schwankungen stetig an. Gleichlaufend steigt auch der Bedarf mit. In den Jahren ab 2013 hat sich ein bisher nicht gesehener Vorrat aufgebaut. Dieser drückt den Preis.

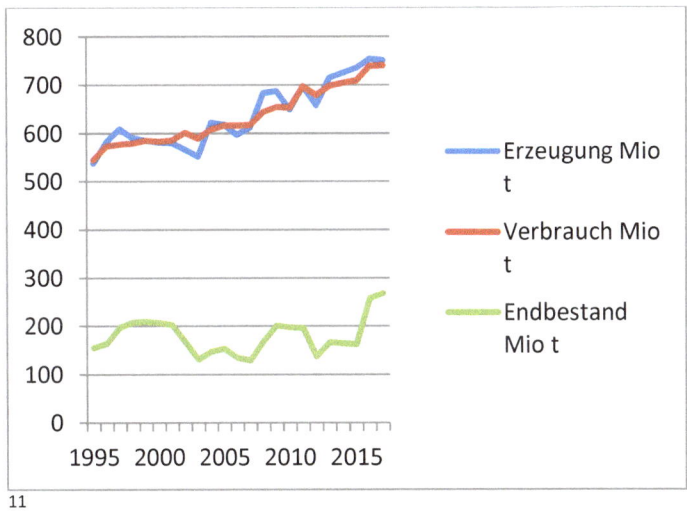

11

Abbildung 1 Erzeugung, Verbrauch und Vorräte an Weizen weltweit

Der hohe Vorrat täuscht über die ebenfalls angestauten Risiken hinweg:

---

[11] Commodity Research Yearbook

- Die Hälfte des Vorrats lagert in China und ist dem Rest der Welt nicht zugänglich
- Diese Menge wird lediglich geschätzt, sie ist nicht nachgewiesen
- Die regelmäßig unter Trockenheit leidenden Schwarzmeerländer und Kasachstan tragen ein Drittel des Exports. Ein Vorgeschmack auf mögliche Probleme war das Jahr 2012.
- Die Importländer haben meist ein starkes Bevölkerungswachstum

Die beiden Kurven Erzeugung und Verbrauch laufen so einträchtig nebeneinander her, dass ein entscheidendes Problem nicht auffällt: Die Ernten hätten häufig nicht gereicht, um den Bedarf des jeweiligen Folgejahres zu decken. Nur, weil die Erntemengen ständig höher werden, ist das bisher nicht zum Tragen gekommen. Wird die Datenreihe für die Erntemengen für eine theoretische Betrachtung um ein Jahr nach hinten verschoben, also z.B. die Erntemenge aus 2015 erst dem Verbrauch von 2016 zugeordnet, so wird deutlich, wie sehr der steigende Verbrauch die Ernten vor sich hertreibt. Bei dieser theoretischen Verschiebung der Ernten um nur ein Jahr wären die Vorräte bedrohlich abgesunken (Abbildung 2).

Natürlich kann man einwenden, dass in diesem Fall die zu erwartenden Preise den Bedarf gesenkt hätten und sich dieses Szenario nicht so ergeben hätte. Das ist richtig. Dennoch kann diese manipulierte Datenreihe einen Eindruck vermitteln, was geschieht, wenn die Erntemengen nicht weiter anwachsen können und der Bedarf der Erzeugung voraneilt. Dann wird es sehr schnell sehr eng.

Dauerhaft ansteigen werden die Erntemengen nicht, weil schon jetzt in den meisten Anbauregionen das Wasser der begrenzende Faktor ist. Hierbei ist zu berücksichtigen, dass 1 kg Weizenkörner für das Wachstum bis zur Reife etwa 800 Liter Wasser benötigen.

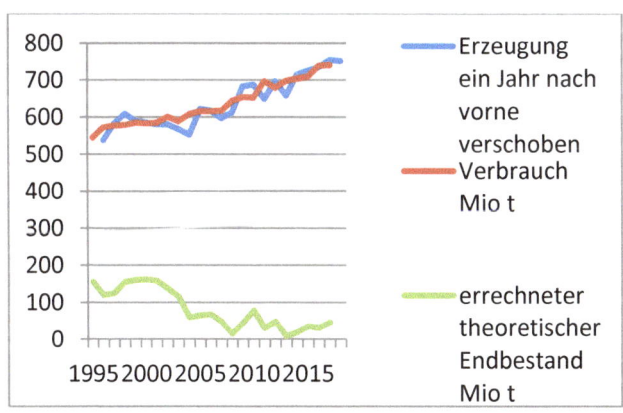

Abbildung 3 Datenreihe der Erntemengen um ein Jahr nach vorne Verschoben

Der Bedarf jedoch wird ansteigen, weil die Bevölkerung wächst. Allein für Afrika geht die UNO davon aus, dass bis 2080 aus den bisher dort lebenden 1 Milliarde Menschen 6 Milliarden werden.

Häufig wird das Argument angeführt, steigender Wohlstand erhöhe den Fleischverzehr und damit den Getreidebedarf. Es ist richtig, dass es um ein Kilogramm Schweinefleisch zu erzeugen ca. 3 kg Futters bedarf, bei Hähnchen sind es ca. 1,5 kg.

Wird auf Fleischverzehr verzichtet, kann das den Getreidebedarf sogar erhöhen. Das gilt immer dann, wenn Tiere mit Resten oder Abfällen gefüttert werden, wie Siebabgang aus der Getreidereinigung, Treber und Schlempe oder aussortierten Kartoffeln. Ganz besonders trifft das auf Rindfleisch zu. Nur Wiederkäuer sind in der Lage, die großen Gründlandflächen der Erde für die Nahrungserzeugung nutzbar zu machen.[12]

Derzeit wird knapp ein Fünftel des Weizens auf der Welt verfüttert. Die Spannbreite ist bei der Verfütterung allerdings sehr groß. In den USA und

---

[12] Livestock: On our plates or eating at our table? A new analysis of the feed/food debate; sciencedirect.com September 2017

China werden um die 12 % des Weizens gemessen am Gesamtverbrauch verfüttert. Die Länder, die 40 bis 50 % des Weizens als Futter verwenden und damit den Durchschnitt nach oben ziehen sind die EU und Russland.

Wieviel Weizen verfüttert wird ist eine Frage der Kultur und Religion. So wird sich der Bevölkerungszuwachs in Südostasien (31 % Futterweizen) weit stärker auf den Futterbedarf an Weizen auswirken, weil dort viel Schweinefleisch gegessen wird, als in Nordafrika (5 % Futterweizen), wo mehr Rind- oder Ziegenfleisch verzehrt wird.

Der Vulkan, der die Welt veränderte[13]

Anfang April 1815 brach der Vulkan Tambora auf der Insel Java aus. Seine Wolke aus Schwebteilchen umspannte in der Folgezeit große Teile der Welt. Das folgende Jahr 1816 ging als Jahr ohne Sommer in die Geschichte ein. Dieser eine Vulkanausbruch hatte in den folgenden Jahren großen Einfluss auf die Menschheit. Die Missernten in Europa lösten die ersten Auswanderungswellen des 19. Jahrhunderts gen

---

[13] Arte; Der Vulkan, der die Welt veränderte; 23.09.2017

Amerika aus. Dort trafen die Neuankömmlinge an der Ostküste der jungen USA auf eine Region, die ebenfalls schlechte Ernten verzeichnete. Das hatte die Expansion der USA in die großen Präriegebiete im Westen zur Folge.

Etwa 8000 Schwaben siedelten auf Einladung des Zaren ans Schwarze Meer um, eine Region, die wenig unter den Folgen des Vulkanausbruchs litt.

Der Ausbruch des Tambora im April 1815 war nicht der erste Vulkanausbruch dieser Größe und es wird nicht der letzte gewesen sein. Es ist nicht die Frage ob, sondern wann sich ein vergleichbares Ereignis wiederholt. Die Länder sind hinsichtlich der Nahrungsversorgung sehr unterschiedlich darauf vorbereitet. Während China aber z.T. auch die USA oder Kanada entsprechende Weizenvorräte haben, um zumindest bei diesem Nahrungsmittel weit mehr als ein Jahr überbrücken zu können, gehen in der EU schon viel eher die Lichter aus. Europa könnte so zur Flüchtlingsregion Nummer eins werden- dann allerdings stellt es die Flüchtlinge. Sogar die Wüstenregionen Nordafrikas oder des Mittleren Ostens haben mehr Weizenvorräte. Bei näherer Betrachtung verwundert es schon, dass die Versorgungssicherheit mit Nahrungsmitteln in der EU so gar keine Rolle spielt. Alle Bemühungen des bundesdeutschen Verbraucherschutzministeriums oder des Umweltministeriums jedenfalls haben Vorschriften zur Folge, die die Erzeugung von Nahrungsmitteln erschweren, keinesfalls fördern.

Eine Vorstellung von den wetterbestimmenden Zuständen am Himmel nach den Jahren der Eruption des Tambora vermitteln die Gemälde des berühmtesten englischen Malers der Romantik- William Turner.

Die Zustände dieser Zeit mit ihren sozialen Unruhen waren die Atmosphäre, in der Mary Shelley ihren Roman Frankenstein schrieb, der 1818 veröffentlicht wurde.

Datengrundlagen im Vergleich

USDA

Das US Landwirtschaftsministerium United States Department of Agriculture USDA bietet umfangreiche Informationen als Datengrundlage zum aktuellen Stand der Landwirtschaft. Es gibt hier Berichte mit sehr gutem Tiefgang, die kostenlos und aktuell verfügbar sind.

WASDE Report

Der World Agriculture Supply and Demand Estimates Report WASDE ist der entscheidende

Maßstab für die Börse. Zahlen, die hier stehen, gelten als gesetzt. Der Report gibt einen guten Überblick über die Mengenbewegungen weltweit und auch speziell für die USA. Der Report erscheint um den zehnten jeden Monats. Die Termine sind für das ganze Jahr festgelegt. Behandelt werden alle in den USA erzeugten Agrarprodukte mit wesentlicher Bedeutung, auch tierische Produkte. Im Bereich Getreide wird nach Weizen, Mais und Grobgetreide (Corse Grains) aufgeschlüsselt. Zu den Grobgetreiden gehören alle außer Weizen und Reis, also auch Mais. Dazu gehören weiterhin Gerste, Hafer, Roggen, Sorghum, Hirse. Eine nach Ländern aufgeschlüsselte Gesamtübersicht für alle Getreide zusammen findet sich im WASDE Report hingegen nicht.

Crop bulletin

Das USDA veröffentlicht darüber hinaus wöchentlich den Weekly Weather and Crop Bulletin, einen Bericht über das Wetter und den Wachstumsstand der Feldkulturen weltweit. Der Bericht ist sehr ausführlich und beschreibt alle Ereignisse wie Trockenheit oder Stürme, Zustand der Feldfrüchte usw.

Daneben gibt es auf der Seite, die den WASDE Report anbietet, auch die Kurzübersicht World

Agricultural Weather Highlights. Hier wird monatlich auf einer Seite alles Wesentliche in diesem Bereich an einer Weltkarte dargestellt.

Das USDA erhebt seine Daten zunächst durch einfache Multipliaktion der Anbaufläche mit den bisherigen Durchschnittserträgen. Durch Bereisung mit Hilfe von Fachleuten vor Ort und Auswertung der Wetterdaten und Sattelitenbilder sowie Verwendung der von Regierungsstellen anderer Länder gemeldeten Daten werden diese Schätzungen immer weiter verfeinert und angepasst, je näher die Ernte kommt. Dennoch bleiben es auch nach der Ernte Schätzungen. So kann es sein, dass noch ein Jahr rückwirkend die Anfangsbestände z.B. in China um 5 Mio. t nach oben korrigiert werden. Es sind Anpassungen dieser Art, die die Frage nach der Zuverlässigkeit der Daten gerade in einem kommunistischen Land wie China aufwerfen.

IGC

Der internationale Getreiderat International Grain Council (IGC)[14] besteht in seinen Grundzügen seit 1927. Ihm gehören 28 Nationen an, sowohl Exporteure als auch Importeure. Dieser Zusammenschluss arbeitet seit Jahrzehnten so

---

[14] http://www.igc.int/

geräuschlos, dass er kaum bekannt ist. Das ist insbesondere deswegen erstaunlich, weil es einigen dieser Staaten auf anderen Ebenen kaum gelingt, miteinander auszukommen wie z.B. Iran-Irak, Pakistan- Indien, Russland- USA und weitere.

Monatlich verfasst der IGC einen Getreidereport einschließlich Soja. Dieser Grain Market Report ist eine gute Ergänzung zum WASDE Report, weil er auch die Kategorie Getreide gesamt ausweist und als weitere Verwendung die industrielle berechnet. Bei Weizen beträgt diese 3 % vom Gesamtverbrauch. Eine gute Übersicht über die wichtigen Märkte Getreide gesamt, Weizen, Mais, Sojabohnen und Reis bietet die erste Seite des Berichts. Zudem zeigt diese Übersicht in jeder dieser Kategorien vier Erntejahre auf einen Blick.

FAO

Die Food and Agriculture Organisation (FAO) der UNO. Hier finden sich viele Daten zur Landwirtschaft auf der Welt. Eine monatliche Zusammenfassung gibt einen Summenüberblick über Getreide in Kurzform (Cereal Supply and Demand Brief).

Gerade im Frühjahr können die Daten dieser drei wichtigsten Primärquellen USDA, IGC und FAO recht weit voneinander abweichen. Dabei hat auch hier das USDA gemessen an der Preiswirkung die Deutungshoheit. Das bedeutet aber nicht, dass nicht eine der beiden anderen Organisationen am Ende nicht doch Recht behalten kann.

Weitere Quellen

Die Landwirtschaftsministerien der meisten Länder veröffentlichen gute Daten ihres Landes, geben anders als das USDA jedoch keinen Überblick über die ganze Welt. Das australische Australian Bureau of Agricultural and Resource Economics and Sciences (ABARES)[15] hält umfangreiche aktuelle Daten für Down Under bereit. COCERAL[16] ist eine Vereinigung von europäischen Getreidehändlern und ermöglicht mit dem Grain Crop Forecast einen monatlich aktuellen Einblick in die Erträge und Flächen der Getreidefelder Europas. Die kanadische Regierung bietet u.a. umfangreiche Karten über die Niederschlagsbilanz in Kanada[17]. Das indische Landwirtschaftsministerium stellt jeden Monat eine Übersicht über die den Zustände der Feldfrüchte und die Wetterbedingungen zusammen (All India Crop Situation[18]). Daten

---

[15] http://www.agriculture.gov.au/abares
[16] http://www.coceral.com/
[17] http://www.agr.gc.ca/
[18] http://agricoop.gov.in/all-india-crop-situation

einzelner Länder finden sich auf den websites fast aller zuständigen Ministerien. Allen gemeinsam ist, dass diese Daten und Meldungen nur einen nachrangigen Preiseinfluss haben. Höher bewertet werden i.d.R. die Aussagen des USDA. Meldet z.B. die indische Regierung im April 2017 eine erwartete Weizenernte von bis zu 90 Mio. t, stehen aber im WASDE Report weiterhin 81 Mio. t, so verhallt die indische Schätzung ungehört.

Für China stellen die Analysten Shanghai JC Intelligence Co und Beifing Orient Agribusiness Consultant Ltd. interessante aktuelle Informationen zusammen. Für Russland ist RusAgroTrans eine gute Informationsquelle.

Neben den kostenlos zugänglichen Daten der Ministerien gibt es auch solche privater Analysten wie Reuters, Bloomberg, Rabobank oder Strategie Grains. Die Rabobank erstellt eine Weltkarte, die alle Handelsströme im Bereich Getreide und Ölsaaten aufzeigt[19]. Diese Dienste in Anspruch zu nehmen ist allerdings recht teuer. Zudem stützen sich die Analysten oft auf die Daten der Primärquellen, weil sie kein eigenes weltweites Netz zur Datenerhebung unterhalten können. Wesentliche Meldungen dieser Analysten werden

---

[19] Research.rabobank.com; World Grains Oilseeds Map

in den Fachzeitungen und Onlinediensten veröffentlicht, so dass der private Beobachter des Weizenmarktes diese nicht selber abonnieren muss.

Laufende Informationen

Es versteht sich, dass laufende Informationen über Marktzusammenhänge und -vorgänge notwendig und von Interesse sind, wenn man den Markt beobachtet. Den Kursverlauf verfolgt man am besten direkt auf der Website der Börse. Zwei- bis dreimal am Tag sollte man hier schon nachsehen. Wenn man sich neu mit einem Markt befasst sollte es zunächst das Ziel sein, spätestens am Folgetag eine schlüssige Erklärung für auffällige Kursverläufe zu haben. Das bedarf natürlich täglicher Informationen.

Täglich

In deutscher Sprache ist im Bereich Getreide und Ölsaaten das Onlineangebot der Agrarzeitung/ Ernährungsdienst[20] unbedingt zu empfehlen. Den Zugang erhält jeder Abonnent der gedruckten Wochenzeitung. Diese mehrfach täglich aktualisierten Informationen sollten Grundlage für die Teilnahme am Markt sein.

---

[20] http://www.agrarzeitung.de/

Wöchentlich

Wöchentliche Informationen erhält man in landwirtschaftlichen Wochenzeitungen oder auch nach Anmeldung bei Newslettern größerer Handelshäuser. Schon bei den Wochenzeitungen, mehr noch bei den monatlich Erscheinenden, sind die Informationen aber mehr als Rückblick zu verstehen. Allein wegen der Erscheinungstermine und Drucklegung ist hier die für Handelsentscheidungen notwendige Aktualität nicht möglich. Dennoch empfiehlt sich die Lektüre der Marktkommentare und Markteinschätzungen. Hier ist oftmals mehr Raum und damit Tiefgang möglich, als bei den täglichen Meldungen.

Börsenplätze

In den USA wurden im Jahr 2015 gerundet 34.000.000 Kontrakte auf Weizen gehandelt zu je 5000 Bushel[21]. Ein Bushel Weizen wiegt 27,2155 kg, somit wurden an den US Börsen 4.626.635 tausend Tonnen Weizen gehandelt. Setzt man diese Zahl zur Weltproduktion von 735.766 tausend Tonnen ins Verhältnis, so ergibt sich ein Faktor von 6,3. Das bedeutet, dass jedes Kilo Weizen, das geerntet wurde, 6,3 mal an der Börse gehandelt wurde. Dieser Wert erhöht sich, wenn

---

[21] Commodity Research Yearbook 2015

die anderen Getreidebörsen mit einbezogen werden.

Die Maisernte hingegen wird Elffach an der Börse gehandelt, bei Sojabohnen beträgt dieser Wert 23. Das spekulative Interesse an Weizen ist folglich geringer, als bei Mais oder Sojabohnen. Bei Soja wäre noch der Börsenhandel von Sojaöl und Sojaschrot hinzuzurechnen, was den Faktor noch weiter erhöht.

In den USA

In den USA gibt es drei bedeutsame Weizenbörsen, von denen die Kansas Board of Trade inzwischen zur CME Group in Chicago gehört, einem Zusammenschluss aus der Chicago Bord of Trade CBOT und der Chicago Mercantile Exchange CME. Die Börse in Minneapolis ist weiterhin eigenständig.

Entsprechend der drei historisch gewachsenen Weizenbörsen gibt es drei bedeutsame Kontrakte, die jeweils den Weizen ihrer Anbauregion abbilden. Das weitaus höchste Handelsvolumen hat der Soft Red Wheat (SRW) oder auch Chicago Wheat. Obwohl er nur etwa ein Drittel der Erntemenge des Hard Red Winter Wheat (HRW) oder Kansas Wheat erreicht, hat er mehr als das doppelte Handelsvolumen. Es wird etwa halb so viel Sommerweizen Hard Red Spring (HRS) erzeugt wie Kansas Wheat. Der Kontrakt hierfür wird in Minneapolis gehandelt, weswegen er auch Minneapolis Wheat genannt wird. Diese Kontrakte umfassen jeweils 5000 Bushel, ein Volumenmaß, das der alten europäischen Scheffel entspricht. Umgerechnet sind das 136 t je Kontrakt. Der Hard Red Winter Wheat muss 11 % Protein haben. Bis mindestens 10,5 % Protein wird er bei einem Preisabzug von 10 Cent je Bushel angenommen. Der Hard Red Spring benötigt 13,5 % Protein, kann aber bei Preisabzug auch mit 13 % noch geliefert werden.

Neu geschaffene Kontrakte

Die CME Group versucht bisher erfolglos, Interesse für ihre neu geschaffenen Kontrakte zu wecken. Als direkte Konkurrenz zu den europäischen Weizenfutures an der Euronext bietet sie einen EU- Weizen Kontrakt an. Dieser hat die gleiche Kontraktgröße wie das europäische Gegenstück, 50 t. Daneben ist es möglich, einen speziellen Schwarzmeerkontrakt zu handeln und auch einen auf australischen Weizen. Das Problem dieser neu geschaffenen Futures ist bisher, dass sie fast nicht gehandelt werden. Mangelnde

Liquidität jedoch ist das Ende jeden Börsenhandels.

In der EU

In der EU wird Weizen an der Euronext (MATIF) in Paris gehandelt. Für Europa ist dies die von den europäischen Händlern bevorzugte Börse, die sie für ihre Preisabsicherung nutzen. Für diesen Kontrakt sind mindestens 11 % Eiweiß, 220 Sekunden Fallzahl und maximal 15 % Feuchte sowie weitere Parameter festgelegt. Die Liefermenge beträgt 50 t. Zur Lieferung zugelassen ist nur europäischer Weizen.

An der Marché à Terme International de France (MATIF) werden an normalen Tagen etwa 10 % der Weizenmenge gehandelt, die in den beiden Leitbörsen in Chicago gehandelt werden. Sogar die relativ kleine Getreidebörse in Minneapolis hat etwa den dreifachen Umsatz gegenüber der MATIF. Das erklärt, warum die europäische Weizenbörse mit kleinen Verschiebungen durch Währungseinflüsse oder Wettergeschehen immer den US Börsen hinterherläuft.

Teil II

Aktiv am Markt teilnehmen

Hedging- Die Grundlage des Warenterminmarktes

Produktbörsen wie die Chicago Board of Trade wurden von Menschen gegründet, die die dort zu handelnden Produkte entweder erzeugt oder verarbeitet haben. Sie wollten das Preisrisiko an andere Menschen abgeben. Dies konnten entweder Menschen sein, die die Gegenseite im Markt mit dem physischen Produkt, dem Kassamarkt, darstellen, z.B. Landwirt und Müller, oder Händler, die das Preisrisiko übernehmen, ohne am Handelsgut selber interessiert zu sein. Dies konnte und kann geschehen, indem die Händler die Ware tatsächlich physisch übernehmen, oder diese nur auf dem Papier kaufen.

Durch die Entwicklung von standarisierten Futurkontrakten war es möglich, die Liquidität an den Börsen deutlich zu steigern. Jetzt waren Merkmale der Ware und ihre Beschaffenheit ebenso einheitlich festgelegt, wie die Menge je Kontrakt, der Lieferzeitpunkt und der Ort der Warenübergabe. Diese geschaffene Liquidität ist die Voraussetzung für das Funktionieren einer jeden Börse, die der Risikoabsicherung dient.

Ein weit verbreitetes Missverständnis ist, dass Händler Waren zu günstigem Preis kaufen und verkaufen, wenn der Preis gestiegen ist. Es gab dieses Vorgehen in der Geschichte und es gibt es auch an vielen Stellen noch immer. Getreidehandelshäuser gehen nicht so vor. Das Risiko wäre viel zu groß. Bei den hohen Mengen, die sie umschlagen, wären sie sonst bei ungünstigem Preisverlauf schon in einem Jahr insolvent. Wenn ein größeres Handelshaus beispielsweise 950.000 t Getreide im Jahr umsetzt, so entstünde ein Verlust von 9,5 Mio. € je 10 € Preisverfall pro Tonne Getreide.

Ein Getreidehändler, der Weizen vom Landwirt kauft (Kassamarkt), wird die gleiche Menge taggleich an der Produktbörse verkaufen, indem er Futures dort verkauft. An dem Tag, an dem er Weizen an die Mühle, das Futterwerk, die Stärkefabrik, das Ethanolwerk oder in den Export verkauft, kauft der Händler eine entsprechende Anzahl Futures an der Börse ein. Idealisiert betrachtet heben sich die Gewinne und Verluste aus dem Geschäft am Kassamarkt und dem an der Börse auf. (Die Absicherung kann auch über Optionen erfolgen.)

Jede Tonne Weizen, die der Händler kauft, verkauft er taggleich an der Börse und jede Tonne, die er verkauft, kauft er taggleich an der Börse. Lässt man leicht voneinander abweichende Preisbewegungen an Börse und Kassamarkt unberücksichtigt, hat der Händler durch dieses Vorgehen kein Preisrisiko was die künftige Preisbewegung betrifft. Dieses Vorgehen nennt man

HEDGING.

Worin liegt dann der Gewinn des Handels? Der Händler bezieht seine Einkünfte aus dem Zusammenführen von Angebot und Nachfrage hinsichtlich Zeit, Ort und Qualität. Für Lagerung, Aufbereitung, Lieferung und Qualitätssicherung berechnet er die sogenannte Marge. Für jede Tonne Weizen wird er dem Landwirt vielleicht 20 oder 30 € oder einen anderen Betrag weniger zahlen, als er dem Verarbeiter in Rechnung stellt. Diese Marge ist im Gegensatz zu Preisschwankungen eine gut zu kalkulierende Größe. Die der Marge entgegenstehenden Kosten für Lagerung, Aufbereitung etc. sind auch gut planbar, so dass ein recht sicheres Geschäft entsteht, dessen Erfolg im Wesentlichen vom Umsatz abhängt. Zudem kann der Händler beispielsweise feuchten Weizen, für den er dem Landwirt Abzüge berechnet, mit sehr trockenem Weizen, für den aber keine Zuschläge bezahlt werden, mischen, um so die geforderte Feuchte anzubieten. Das Vermischen unterschiedlicher Partien hilft auch beim Ausgleich von Qualitätsmängeln, die ebenfalls dem Landwirt in Rechnung gestellt werden.

Das Hedging, das Absichern des Preisrisikos, ist die grundlegende Voraussetzung für erfolgreichen Geschäftsbetrieb nicht nur im Getreidehandel. Auch die Müller oder Futtermischer hedgen die Getreidemengen, die sie benötigen. Der Landwirt kann den Weizen, den er geerntet hat oder der noch heranwächst ebenfalls an der Börse gegen Preisrisiken absichern. Er kann nur keine Marge berechnen. Wegen der fehlenden Möglichkeit, eine gewinnsichernde Marge vom Käufer einzufordern, ist sein Geschäft neben dem Wetterrisiko, das die Menschheit schon seit Beginn des Ackerbaus begleitet, im Vergleich zu den Händlern und Verarbeitern ein sehr unsicheres. Ist der Preis über das ganze Jahr oder mehrere Jahre niedriger, als seine Kosten, hilft auch kein Hedging.

Hedging ist ein Geschäftsvorgehen, das von den Finanzbehörden der Länder anerkannt wird. Gewinn und Verlust aus dem Börsengeschäft dürfen mit solchen aus dem Warengeschäft verrechnet werden. Voraussetzung ist, dass die

Mengen, die an der Börse gehandelt werden und die im Warengeschäft gleich sind. Gewinne oder Verluste hingegen, die mit an der Börse gehandelten Weizenmengen ohne entsprechendes Warengeschäft, erzielt werden, können nicht mit dem Betriebsergebnis verrechnet werden. Sie sind in der Steuererklärung als Kapitaleinkünfte zu erfassen.

Das alles wäre gar nicht so interessant, wenn es in den USA nicht eine Besonderheit gäbe. Die Leitbörse in Chicago ist die wichtigste und umsatzstärkste Börse, deren Preisbewegungen alle anderen Börsen weltweit im Wesentlichen folgen. An dieser Chicago Bord of Trade nun, wie auch an den anderen US Börsen, können Unternehmen, die mit der Ware physisch umgehen, ein spezielles Hedgekonto führen. Dieses Konto wird von der Finanzbehörde und der Börsenaufsicht als solches anerkannt. Jedes Unternehmen wird daran interessiert sein, ein solches Konto zu haben. Erstens wegen der Ergebnisverrechnung mit den Betriebseinkünften, aber auch, weil die von der Börsenaufsicht geforderten Margingebühren für die gehandelten Futures nur etwa halb so hoch sind, wie die Margingebühren für alle anderen Teilnehmer. Der

Grund dafür ist das andere Marktverhalten der Hedger gegenüber den Nicht- Hedgern.

Hedger agieren viel ruhiger als andere Börsenteilnehmer. <u>Das Handelsvolumen, die Anzahl der *gehandelten* Kontrakte bezogen auf die Anzahl der *gehaltenen* Kontrakte (open interest), ist bei den Hedgern viel geringer.</u> Dies begründet sich darin, dass wie dargestellt jedem Börsengeschäft ein Warengeschäft zugrunde liegt. Anderenfalls wäre es kein Hedging und könnte nicht auf dem Hedgekonto verbucht werden. Warengeschäfte sind träge. Der Müller wird den Weizen für seine Mühle zwar zu verschiedenen Zeiten im Jahr kaufen, vielleicht immer eine Monatsmenge oder auch einmal im Jahr die gesamte Menge. Er wird jede benötigte Tonne Weizen aber nur einmal kaufen. Der Händler kann sie ihm auch nur einmal verkaufen, nicht zwei oder dreimal und sie zwischendurch immer wieder zurückkaufen. Aber genau das tun andere Börsenteilnehmer, die Nicht- Hedger. Sie reagieren auf Meldungen zu Regenfällen in den Great Plains ebenso wie auf den neuesten WASDE Report oder die wegen gefundenen Mohnsamen zurückgewiesene Schiffsladung in Kairo. Der Hedger kann das nur sehr begrenzt. Er kann zwar auf ein solches Ereignis hin ein Börsengeschäft vornehmen. Steigt z.B. der Weizenpreis an, weil Argentinien den Exportzoll anhebt, wird der Farmer in Iowa vielleicht einen Teil seiner Weizenernte an der Börse verkaufen. Das kann er aber für diese Menge nur einmal tun. Hat er sich geirrt und der Preis steigt noch viel weiter an, weil in der Folgezeit die Ernte in Russland wegen Dürre verdirbt, so kann er sein Börsengeschäft zwar glattstellen, indem er die entsprechende Kontraktzahl zurückkauft. Seinen Weizen kann er dann zwar noch erneut hedgen, sprich an der Börse gegen Preisrisiken absichern, aber nicht mehr steuerbegünstigt auf dem Hedgekonto. Die Mengen seiner Weizenernte und die an der Börse gehandelten würden nicht mehr übereinstimmen, wenn er seinen Weizen an der Börse zweimal verkauft und zurückkauft. Den geernteten Weizen kann er schließlich als Ware am Kassamarkt nur einmal verkaufen. Jedem auf einem Hedgekonto verbuchten Geschäft liegt immer ein Warengeschäft in gleicher Menge zugrunde.

COT Report

Die amerikanische Börsenaufsicht U.S, Commodity Futures Trading Commission (cftd.gov) führt Buch über die an den Börsen gehaltenen Positionen. Ab einer bestimmten Anzahl gehaltener Kontrakte sind Börsenteilnehmer in den USA verpflichtet, ihre gehaltenen Positionen der Börsenaufsicht zu melden. Diese berichtspflichtigen Teilnehmer haben am Weizenmarkt 90- 95 % aller gehaltenen Positionen (open interest) inne. Ihre Positionen werden jeden Dienstag nach Börsenschluss erfasst und als Gruppen zusammengefasst anonymisiert am Freitag nach Börsenschluss als Commitment of Traders (COT) Report veröffentlicht. Im traditionellen legacy COT Report werden hier die Gruppen Commercial (Hedger) und Non-Commercial (Nicht Hedger) unterschieden. Diese beiden Gruppen zusammen halten beim Weizen über 90 % aller gehaltenen Positionen. Der restliche Teil wird der Gruppe der Non Reportable, den nicht Berichtspflichtigen, zugeordnet.[22]

Neben diesem COT Report gibt es auch noch den Disaggregated COT Report, der die Commercial in Producer, Merchant, Processor and User als eine Gruppe zusammenfasst und die Swap Dealer davon getrennt ausweist und die Non Commercial in Managed Money und Other Reportable aufteilt.

---

[22]

http://www.cftc.gov/MarketReports/Commitmen tsofTraders/index.htm

Die Swap Dealer sind überwiegend Dienstleister für Hedger, die am Markt genau die Positionen einnehmen, die sie den Hedgern weitergeben. Swap Dealer übernehmen anders als Managed Money keine eigenen Risiken. Insofern ist die Hinzurechnung zu den Hedgern im Legacy COT Report sinnvoll.

Zum Aufbau und zur Geschichte sowie zum Nutzen des COT Report für den privaten Beobachter sei auf zwei hervorragende Bücher verwiesen.[23],[24]

Der COT Report ist kostenlos verfügbar. Erst ein daraus gebildeter Chart über mindestens 3, besser mehr Jahre gibt den Daten die benötigte Aussagekraft. Solche Charts werden von einigen Anbietern kostenlos erstellt, womit sie für die Nutzung ihrer weiteren, dann kostenpflichtigen Auswertungen, werben. Verwendung sollte der COT Report finden, der Futurs und Optionen ausweist (Options and Futures Combined Report).

Eine langjährige Aufzeichnung bietet das Commdity Research Bureau (CRB Encyclopedia of Commodity and Financial Charts).

---

[23] Larry Williams Aktien und Rohstoffe erfolgreich traden.
[24] Stephen Briese, The Commitment of Traders Bible

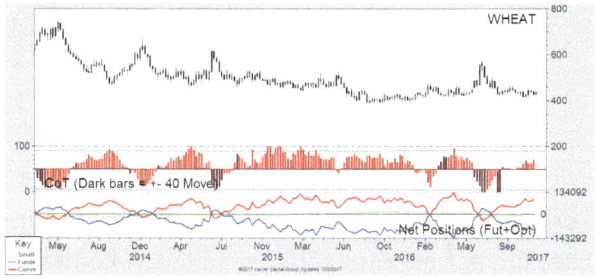

Abbildung 4: http://commitmentsoftraders.org; rot = commercial, blau = non commercial, oben der Kursverlauf; (in der Mitte als rote Balken die prozentuale Positionsänderung, eine Auswertung von Stephen Briese)

Aus der Abbildung 4 wird deutlich, dass:

- Hedger (Commercial) immer die ungefähr gegenteilige Position zu den Nicht-Hedgern (Non Commercial) halten und
- Die Hedger die Kurswechsel (Wendepunkte!) immer vorher anzeigen, während die Nicht- Hedger dem Preisverlauf folgen.

Auswertungen der COT Charts haben i.d.R. zum Ziel, die Extremsituationen in der Hedgerposition zu ermitteln. Der Handel erfolgt dann immer in dem Markt, in dem eine solche Situation vorliegt. Dieses Handelssystem soll hier nicht weiter betrachtet werden. Die genannten Bücher von Larry Williams und Stephen Briese erläutern dieses Vorgehen eingehend.

Gehandelte Kontrakte und gehaltene Kontrakte

Der erste wichtige Zusammenhang

Wie erläutert ist die Anzahl der gehandelten Kontrakte, das Handelsvolumen, bei den Hedgern bezogen auf die Anzahl der gehaltenen Kontrakte (Open Interest) viel geringer, als bei den Nicht-Hedgern. Dieser Umstand ist die erste entscheidende Einflussgröße für die Signalwirkung, die vom Open Interest der Hedger ausgeht.

Das Open Interest, die gehaltene Zahl an Kontrakten, ist am Futurmarkt im Gegensatz zum Aktienmarkt für den Preis ohne Bedeutung. Die Zahl der Aktien eines Unternehmens ist begrenzt. Werden viele Aktien gehalten und nicht verkauft, so ist das Angebot gering und der Kurs steigt, wenn die Nachfrage steigt. Am Futurmarkt ist die Anzahl der Futures jedoch nicht begrenzt. Das Open Interest ändert sich ständig. Kauft Jemand einen Futur und verkauft ein Anderer, so ist der Vertrag zwar gegenseitig anonym, aber dennoch geschlossen. Es ist ein neuer Vertrag entstanden, genau wie beim Kauf eines Autos oder eines Kleiderschranks. Diesen Vertrag (Futur) hat es vorher nicht gegeben. In der Gegenrichtung wird ein Vertrag (Futur) gelöscht, wenn beide Seiten aussteigen. Diesen Futur gibt es dann nicht mehr. Futures werden also anders als Aktien ständig neu gebildet und wieder gelöscht. Deswegen ist die Anzahl der gehaltenen Futurs ständig wechselnd, während die Anzahl an Aktien eines Unternehmens immer gleich bleibt. Ob ein Vertrag zustande kommt, ob also ein Futur über Weizen entsteht oder nicht, ist nur eine Frage des Preises, genau wie beim Kauf eines Autos. Werden sehr viele Autos dieser Art angeboten und gibt es für diese Autotypen nur wenig Interessenten, werden Verträge nur zu geringen Preisen zustande kommen und umgekehrt.

Für die Preisbildung ist die Anzahl der gehaltenen Futures anders als bei Aktien folglich unerheblich. Entscheidend für die Preisfindung sind Angebot und Nachfrage, also das Handelsvolumen. Hier gleicht der Futurmarkt wieder dem Aktienmarkt. Da nun das Handelsvolumen bei den Hedgern weit geringer ist, als bei den Nicht Hedgern, entsteht nun folgende Situation:

Die Position der Hedger und der Nicht- Hedger lässt sich an einem Chart ablesen, der die Daten des COT Report wiedergibt. Angenommen, das Open Interest der Hedger befindet sich optisch gesehen an einem Tiefpunkt, was bedeutet, dass sie besonders viele Verkaufskontrakte (short) halten, so nimmt die Anzahl der gehaltenen Verkaufskontrakte (short) der Hedger ab diesem Punkt ab und die Zahl der Kaufkontrakte (long) zu. Gleichzeitig steigt die Kontraktzahl auf Verkauf (short) bei den Nicht- Hedgern, während ihre Kontrakte auf Kauf (long) weniger werden. Die Nicht- Hedger haben aber ein deutlich höheres Handelsvolumen. Das Volumen bestimmt den Preis. Auf der Seite des Volumens überwiegt ab diesem Tiefpunkt demnach das auf der Verkaufsseite (Shortseite), das bei den Nicht-Hedgern. Der Preis fällt. Der Preis fällt solange, bis es ein obere Wendepunkt in der Position der Hedger erreicht wird. Dann läuft der Vorgang in umgekehrter Richtung ab, der Preis steigt wieder.

Kurswechsel erfolgen fast immer mit einem gewissen Schwung ohne Anlauf, d.h. der Kurs schnellt ein wenig in die neue Richtung, bei Weizen um etwa 5 % in wenigen Tagen. Das liegt daran, dass die Nicht- Hedger ihre Positionen nicht nur schließen, sondern oft in der gleichen Kontraktzahl in der neuen Richtung wieder aufbauen. Direkt am Wendepunkt entsteht also kurzzeitig ein deutlich höheres Handelsvolumen auf Seiten der Nicht- Hedger. Bei den Hedgern ist das keineswegs so. Diese schließen ihre Kontrakte durch das Gegengeschäft an der Börse, bauen aber nicht zwangsläufig neue auf. Neue Kontrakte handeln die Hedger wie dargestellt per Definition des Hedgings erst, wenn wieder ein neues Warengeschäft zugrunde liegt.

Diese Betrachtung gilt für Märkte, in denen die berichtspflichtigen Teilnehmer mindestens 90 % der offenen Positionen halten, wie beim Weizen in Chicago. Anderenfalls, wie z.B. bei Hafer, wäre der Einfluss der weiteren, nicht erfassten, Börsenakteure zu hoch und würde die Aussagekraft der Hedgeposition schmälern.

Der zweite wichtige Zusammenhang

Die Hedger haben aus diesem Zusammenhang heraus gesehen immer den richtigen Riecher. Das ist nicht verwunderlich. Sie haben die besseren Informationen, da sie täglich mit der Ware umgehen. Es ist ihr Geschäft. Im Höchstkurs haben sie die meisten Kontrakte verkauft, im Tiefstpreis die meisten gekauft. Die Nicht- Hedger haben das Nachsehen. Ihre Kaufposition ist gerade zum Höchstkurs am höchsten. Sie fahren die Verluste ein.

Auf den ersten Blick scheint dieser Zusammenhang logisch und schlüssig, ist aber falsch. Hier müssen wir noch einmal zum Wesen des Hedging zurückgehen. Nehmen wir das Preishoch als Beispiel. Die Hedger haben hier die maximale Anzahl an Futures verkauft. Diese können sie später günstiger zurückkaufen und erzielen entsprechende Gewinne. Aber haben sie immer einen so präzise terminierten Wissensvorsprung, dass dieses Muster immer wiederkehrt? Warum gibt es hier so gut wie keine Abweichungen? Die Antwort findet sich in der Entstehung eines Hedgekontrakts. Wir erinnern uns: Ein Hedger verkauft einen Futur, wenn er die gleiche Menge an Ware gekauft hat. Aha. Im Preishoch haben die Hedger also nicht nur ein Maximum an Futures verkauft, sondern genau da haben sie die höchste Menge an Ware, an Weizen, gekauft. Sie haben extrem viel Weizen physisch gekauft, deshalb ist der Weizen teuer.

Die erste Überlegung über den genialen Wissensvorsprung der Hedger ist zwar schön, erklärt aber nicht die Präzision, mit der sie ihren Futurhandel terminieren. Vielmehr sind es die Hedger selber, die durch ihr Einkaufsverhalten am physischen Markt den Weizenpreis in die Höhe treiben. Ihre Futurposition zeigt per Definition nur genau das Gegengeschäft. Da die Nicht- Hedger aber immer etwa die Gegenposition zu den Hedgern am Futurmarkt einnehmen, halten sie somit am Futurmarkt die gleiche Position, wie die Hedger am Kassamarkt.

Die Hedger verkaufen nicht viele Futures, weil der Weizenpreis hoch ist, sondern der Weizenpreis ist hoch, weil sie viel Weizen am Kassamarkt kaufen. Für den Tiefpunkt im Weizenpreis gilt das Entsprechende in umgekehrter Richtung. Die Hedger haben gar kein Interesse daran, Gewinne im Futurmarkt zu erzielen. Hedger gehen eine Position am Warenterminmarkt nicht ein, um damit Gewinne zu erzielen. Ob die Position Gewinn oder Verlust erwirtschaftet ist unerheblich. Wichtig ist nur, und das ist das Ziel des Hedging, dass das Geschäft am Warenterminmarkt in der Verrechnung mit dem gegensätzlichen am Kassamarkt einen möglichst konstanten Preis ergibt. Der Gewinn der Händler ist die Marge, der Unterschied zwischen Einkaufspreis und Verkaufspreis bei gleichbleibendem Marktpreis. Den für sie gleichbleibenden Marktpreis erreichen sie durch das Hedging.

Nutzung des COT Report

Für die Nicht Hedger, also für alle Marktteilnehmer am Futurmarkt, sieht das ganz anders aus. Sie haben kein Warengeschäft, das es zu verrechnen gibt. Ihr Interesse ist das eigentliche Handeln. Sie sind die eigentlichen Händler im ursprünglichen Sinn. Sie versuchen günstig einzukaufen und teuer zu verkaufen. Damit wirken sie den durch die Geschäfte der Hedger am Kassamarkt verursachten Preisbewegungen ausgleichend entgegen. Ihre Tätigkeit an der Börse ist somit enorm wichtig nicht nur für das Funktionieren der Börse und damit des Hedging, sondern sie wirken auch preisausgleichend und nicht preistreibend, wie immer in Hochphasen des Weizenpreises in Politik und Medien fabuliert wird.

Für diese Gruppe der Marktakteure, diejenigen, die den Handelshäusern das Risiko abnehmen und damit einen reibungslosen Kassamarkt für eine sichere Versorgung mit Weizen überhaupt erst ermöglichen, sind die Daten aus dem COT Report enorm hilfreich. Die Futuresposition der Hedger aus dem COT Report ist eine Summenbildung aller Fundamentaldaten, die das Angebot und die Nachfrage nach physischem Weizen bestimmen. Deswegen gelten zwei einfache Regeln, die der Spekulant für sich nutzen kann:

- Hat die Verkaufsposition der Hedger (Commercial im COT Report) einen Höhepunkt erreicht, bildet also der aus den Commercial- Daten des COT Report gebildete Chart einen unteren Wendepunkt, so wird der Weizenpreis solange fallen, bis
- die Kaufposition der Hedger einen Höhepunkt erreicht, der Chart aus der Nettoposition der Hedger also einen oberen Wendepunkt zeigt. Ab dann wird der Weizenpreis wieder steigen.

Das gilt in jedem Fall in den Extrempunkten, also den Werten, die ein Maximum in den letzten Jahren bilden. Das gilt aber auch für die vielen kleinen Zwischenwendepunkte im COT Chart, sofern diese sicher bestimmt werden. Hier geht es nicht ganz ohne technische Analyse am Preisverlauf des Weizens. Nur damit kann auch das Problem der zeitlichen Differenz zwischen Datenerhebung und Datenveröffentlichung des COT Reports gelöst werden.

Das Problem des zeitlichen Versatzes

Die Daten über die Positionierung der Marktteilnehmer werden von der US Börsenaufsicht am Dienstag nach Börsenschluss erhoben. Veröffentlicht werden sie am Freitag nach Börsenschluss. Dann sind sie bereits drei Tage alt. Um einen Wendepunkt in der Position erkennen zu können muss i.d.R. noch eine weitere Woche auf den nächsten Bericht gewartet werden. Dann liegt der mögliche Wendepunkt aber bereits 8 Börsentage zurück und die Wende ist längst eingetreten. Der Zeitpunkt zum Einstieg wurde dann verpasst. Das Ziel muss folglich sein, den Wendepunkt in der Position der Hedger bereits zu erkennen, wenn er im aktuellen COT Report noch nicht vollständig ausgeprägt erkennbar ist. In jedem Fall muss zumindest bestimmt werden, in welcher Richtung das nächste Signal aus dem COT Report erwartet wird. Das geht nur über die Auswertung des Kursverlaufs, Der Zeitraum für diese Auswertung sollte rückwirkend bis zum zurückliegenden Dienstag, dem Tag an dem die letzten COT Daten erhoben wurden, gewählt werden. Hier bedarf es der Auswertung des Kursverlaufs, der Charttechnik.

Charttechnik- ja, aber bitte einfach

Zum Thema Charttechnik oder technische Analyse gibt es eine Vielzahl von Büchern. Eine gute Übersicht über die möglichen Indikatoren bietet auch die Website tradenavigator.com. Es ist recht einfach, mit Hilfe solcher Programme Indikatoren zu erstellen. Wenig sinnvoll scheint es, diese anzuwenden, wenn der tiefere Sinn nicht verstanden wurde. Welche innere Logik z.B. hinter einer Trendlinie oder dem gleitenden 200 Tage Durchschnitt steckt. *Wahrheit findet man, wenn überhaupt, nur in der Einfachheit.*[25] Es geht einfacher, indem nur Indikatoren verwendet werden, die im Kopf zu berechnen sind.

Zunächst muss klar sein, dass die Frage ob Charttechnik oder Fundamentaldaten die Handelsentscheidungen bestimmen, davon abhängt, in welchem Zeitfenster die Betrachtung stattfindet. Im Intraday- Bereich, also dem Handel innerhalb eines Tages, werden Fundamentaldaten wenig weiterhelfen. Hier bleibt nur der Kursverlauf an dem man sich orientieren kann. Werden offene Positionen dagegen über sehr lange Zeiträume gehalten, z.B. über mehrere Monate, so werden die fundamentalen Marktdaten den Ausschlag geben.

---

[25] Isaac Newton

Wenngleich die fundmentalen Überlegungen hinsichtlich Vorräten, Angebot und Nachfrage wie in diesem Buch dargestellt die Richtung, in der man sich im Markt positioniert, bestimmen, so bleibt die Eröffnung oder Änderung der Position sowie die Platzierung des dazugehörigen Stopps doch immer eine Entscheidung, die gerade jetzt in diesem Moment bei dem aktuellen Kurs getroffen werden muss. Obwohl die große Richtung klar ist, bleibt immer die Frage, soll ich jetzt bei diesem Kurs diese Richtung einschlagen, oder vielleicht doch noch zehn Cent weniger abwarten? Hier kommt man um Charttechnik nicht herum.

1,2,3- long oder short?

Technische Analyse bedeutet zunächst einmal, festzustellen, ob es sich derzeit um einen Aufwärts.- oder Abwärtstrend handelt. Dabei ist die erste Frage wieder die nach dem Zeitfenster. Stelle ich die Frage der Trendrichtung nun für die nächsten drei Stunden, drei Tage oder drei Monate? Im Sinn des in diesem Buch vorgestellten Handelssystems wird das Zeitfenster hier immer über mehrere Monate angelegt sein. Unabhängig davon gelten aber innerhalb jeden Zeitfensters die gleichen Chartregeln. Um festzustellen, ob es sich um einen Aufwärts.- oder Abwärtstrend handelt, muss man nur bis drei zählen. Die Eins liegt auf dem Tief als Startpunkt, die Zwei auf dem nächsten Hoch und die Drei auf dem folgenden Tief. Alle weiteren Hochs werden als Zwei nummeriert und die Tiefs als Drei. Liegt nun jedes Hoch höher als das vorhergehende und jedes Tief ebenfalls höher als das vorangehende Tief, so ist es ein Aufwärtstrend. Die Wege von einem Tief zum Hoch sind dabei die Bewegung, die vom Hoch zum Tief die Korrektur. Bein einem Abwärtstrend wird genau entgegengesetzt nummeriert. Den Startpunkt bezeichnet die Eins auf einem Hoch, die Zwei benennt die Tiefs und die Drei die Hochs am Ende der jeweiligen Korrektur.[26]

Die Bewegungen sind dabei meist schnell und geradlinig, die Korrekturen zögerlich und unruhig.

5 % in 5 Tagen- das 5/5 Signal

Nachdem klar ist, ob sich der Preis in der letzten Zeit aufwärts oder abwärts bewegt hat, welcher Trend also vorliegt, und durch die wöchentliche Auswertung der Position der Commercial im COT Report die künftig erwartete Richtung des Kurses bestimmt wurde, muss nun der Wendepunkt

---

[26] Michael Voigt, Das große Buch der Markttechnik

bestimmt werden, sofern sich eine solche Erwartung aus dem COT Report ergibt. Nur wenn die Wendepunkte möglichst zuverlässig erkannt werden, wird die Teilnahme am Weizenhandel wiederholt Gewinn erzielen. Wie aufgezeigt kann aus dem COT Report zwar das Anstehen einer wesentlichen Kursänderung für die nächsten Wochen oder Monate erkannt werden, die genauere Festlegung, an welchem Tag diese Wende eintritt, ist so aber nicht möglich. Gerade für die vielen kleinen Wendepunkte wirkt sich das Problem des zeitlichen Versatzes besonders aus. Hier benötigt man ein Signal aus dem Kursverlauf. Da es sich um erwartete langfristige Kursänderungen handelt, wird dieses Signal niemals innerhalb eines Tages, sondern ausschließlich in der Betrachtung des Verlaufs der Tageskurse gesucht. Die zu verwendende Chartdarstellung ist der Balkenchart mit Anfangs.- und Schlusskurs sowie Höchst.- und Tiefstkurs.

An der Börse wird zum Einstieg zwar nicht geklingelt, beim Weizen kommt die Kurswende aber immer mit einem kleinen Paukenschlag daher. Die Begründung findet sich im Verhältnis der Handelsvolumina der Börsengruppen und wird im Abschnitt Hedging erläutert. Diesen kleinen Paukenschlag kann man recht zuverlässig im

Kursverlauf ablesen. Beim Weizen gilt: Wenn sich bei einem erwarteten Preisanstieg der Kurs innerhalb von 5 US Börsentagen um 5 % vom letzten Tief nach oben abhebt, so ist der Trendwechsel erreicht. Wichtig hierbei ist, dass das Tief vor dem Datum des COT Signals liegt, nicht danach. In einem Trendwechsel von long zu short gilt Entsprechendes in der entgegengesetzten Richtung.

Wird die fünfprozentige Kursänderung erst nach mehr als fünf Tagen erreicht und womöglich auch nur mühsam im Zickzack, so gilt das nicht als Bestätigung eines Trendwechsels. Auch sollte man einem fünf prozentigem Kurswechsel nur folgen, wenn er in Verbindung mit einem (erwarteten) Signal aus dem COT Report in Verbindung steht. Nicht jede Kursänderung um 5 % in die andere Richtung ist ein Trendwechsel.

Gleichbedeutend kann ein COT Signal für einen Trendwechsel nur als solches gewertet werden, wenn es durch diese Fünf Prozent in Fünf Tagen Regel bestätigt wird. Anderenfalls ist davon auszugehen, dass es sich um ein Fehlsignal handelt, oder sich ein entsprechendes Signal erst noch ausbildet.

Der Nachteil dieser 5/5 Regel ist, dass eine Kursänderung um lediglich bis zu 10 % vor dem nächsten Trendwechsel noch keinen Gewinn auslöst. Beispiel: Chicago Weizen fällt auf 400 Cent. Der COT Report zeigt einen Trendwechsel an. Der Einstieg erfolgt innerhalb von 5 Tagen bei 420 Cent (+5%). Über einen beliebigen weiteren Zeitraum steigt der Kurs weiter auf 440 Cent an. Das COT Signal und der Einstieg waren folglich richtig. Zum Zeitpunkt, da 440 Cent erreicht wurden, gibt es ein neues COT Signal, das auf einen Abwärtstrend hindeutet. Fällt der Kurs nun innerhalb von 5 Tagen auf 418 Cent (-5%), was eine Positionsänderung zur Folge haben sollte, so entsteht ein Verlust von 2 Cent, also 100 $ je Kontrakt.

Der entscheidende Vorteil dieser Regel aber ist, dass die unweigerlich auftretenden Verluste beim Bottompicking, dem Versuch jeweils genau den Preisboden beim Kauf bzw. den Höchstpreis beim Verkauf zu erwischen, entfallen. Schon wenn nur einmal um 5 Cent zu früh gehandelt wird entsteht ein Verlust von 250 $ je Kontrakt. Und ohne ein Chartsignal greift man i.d.R. oft daneben, so dass sich die Verluste schnell summieren.

Stop loss order

Eine stop loss Order ist eine Order, die bei Erreichen des vorgewählten Kurses ausgelöst wird. Ausgeführt wird sie dann als Market Order, d.h. zum bestmöglichen Preis. Bei starken Preisbewegungen kann dieser Preis mehr oder minder stark vom gewünschten Wert abweichen. Die Order wird aber anders als die stop limit Order in jedem Fall ausgeführt. Die stop limit Order wird bei Erreichen des gewählten Wertes zur Limit Order, d.h. sie wird zu einem ebenfalls gewählten Limitpreis ausgeführt, sofern das möglich ist. Bewegt sich der Kurs aber sehr schnell über dieses Limit hinweg, wird sie überhaupt nicht ausgeführt. Der Verlust kann dann extrem hoch werden. Deshalb empfiehlt sich die stop limit Order in dem hier besprochenen Handelssystem nicht. Im Markt für Chicago Weizen, in dem an normalen Tagen etwa 65.000 Kontrakte gehandelt werden, ist die Ausführung einer stop loss Order zu einem Preis nahe der Auslöseschwelle ohnehin kein Problem, wenn vielleicht 5, 10 oder auch 20 Kontrakte gehandelt werden sollen. Das ist eine Sache von Sekundenbruchteilen.

Stop loss als Verlustbegrenzung

Zu jeder Position sollte zwingend eine stop loss Order gehören, um mögliche Verluste zu begrenzen. Diese Order wird auf dem Tief, von dem aus der 5/5 Regel berechnet wurde, als Verkaufsorder gesetzt, wenn Kontrakte gekauft werden. Werden Kontrakte verkauft entsprechend als Kauforder auf dem Hoch. Die Anzahl der gehaltenen Kontrakte und der in der stop loss Order ist gleich.

Umkehr- oder Wendestopp

Der Umkehr- oder Wendestopp dient anders als die Verlustbegrenzung dazu, an dem wie oben beschrieben durch COT Report und 5/5 Regel identifizierten, prognostizierten oder vermuteten Wendepunkt die bisher gehaltene Position in eine Gegenteilige umzuwandeln. Die bestehende Position wird dabei durch die bestehende stop loss Order geschlossen, wenn der Wendekurs erreicht wurde. Der Stoppkurs wurde entsprechend angepasst (5 % Kursänderung). Bei dem gleichen Kurs wird die stop loss Order als Wendestopp gesetzt. Es wird ein Kontrakt mehr aufgeführt als die bisherige Position, um den Handelsumfang langsam zu steigern. Dieser Order wird eine weitere als stop loss angehängt, die erst gültig wird, wenn der Wendestopp ausgeführt wurde.

Beispiel für einen Wendestopp:

- Es besteht eine Position von vier
  verkauften Kontrakten. Die (angepasste)
  Stop- loss buy Order liegt bei 445 Cent.
- Das letzte Tief vor dem COT Report lag bei
  423 Cent. Nach der 5/5 Regel wird eine
  stop loss buy Order bei einem 5 %
  höheren Kurs platziert, somit aufgerundet
  bei 445 Cent. Die Kontraktzahl wird um
  einen gegenüber bisher vier auf fünf
  erhöht.
- Dieser stop loss buy Order wird eine stop
  loss sell Order für fünf Kontrakte
  angehängt. Als Auslösekurs wird das Tief
  bei 423 Cent gewählt, ab dem die 5/5
  Regel berechnet wurde.
- Wird der Wendestopp nicht innerhalb von
  fünf Börsentagen erreicht und ausgeführt,
  werden die stop loss buy Order bei 445
  Cent und die angehängte stop loss sell
  Order bei 423 Cent von Hand gelöscht.

Entweder wurde der Kurs von 445 Cent in
fünf Tagen erreicht und der Wendestopp
ausgeführt. Dann besteht fortan eine
gehaltene Position von fünf gekauften

Kontrakten und der dazu gehörige stop loss bei 423 Cent. Oder der Kurs von 445 Cent wurde nicht in den fünf Tagen erreicht, dann besteht die vorherige Position von vier verkauften Kontrakten weiter mit dem dazugehörigen stop loss buy bei 445 Cent.

Samstag ist Börsentag

Samstag ist der Tag, an dem der COT Report vorliegt. Am Samstag wird auf dieser Grundlage und dem Kursverlauf die bestehende eigene Position geprüft und festgelegt, ob ggf. Stopps angepasst werden müssen oder die Position gedreht wird. In der Woche können sich natürlich aus dem Kursverlauf auch Situationen ergeben, in denen Anpassungen vorgenommen werden. Ein neuer COT Report liegt allerdings nur Samstag vor. Deswegen wird in jedem Fall am Samstag die Situation geprüft und neu bewertet.

Steigt man in einen Markt neu ein, ist immer die Frage, ob der Wert steigt oder fällt. Einfacher ist es, wenn man schon im Markt positioniert ist. Dann bleibt nur die Frage, wie in der Gegenrichtung gegen Verluste abzusichern ist und wann die Gegenrichtung eingenommen werden soll. In der erwarteten Richtung braucht hingegen nichts unternommen zu werden. Das ist ein Grund, warum es von Vorteil ist, nicht an verschiedenen Märkten teilzunehmen, sondern immer z.B. Weizen zu handeln. Man ist schon drin. Der andere Grund dafür ist natürlich, dass sich das Wissen und die Erfahrung über die Eigenheiten dieses Marktes dann leichter vertiefen und festigen. Eine Voraussetzung, um immer die gleiche Ware an der Börse zu handeln, ist, dass diese in beiden Richtungen, long oder short gehandelt werden kann. Bei Aktien geht das so einfach nicht. Am Futurmarkt ist es aber völlig gleich, ob ein Kontrakt verkauft oder gekauft wird. Das Vorgehen ist bis auf das Vorzeichen gleich.

It´s simple but just not easy

Das wöchentliche Vorgehen ist einfach. Angenommen, man hat Futures auf Weizen verkauft, weil das letzte COT Signal aus der Hedger Position einen Preisabfall (einen unteren Wendepunkt in der COT Kurve) angezeigt hat. Die verlustbegrenzende stop loss Order liegt dann auf dem Hoch, von dem aus die 5/5 Regel zum Eröffnen dieser Position berechnet wurde.

Ist aus dem neuen COT Report abzulesen, dass der Weizenpreis weiter fallen wird, wird nichts unternommen. Zeigt der COT Report an, dass ein Wendepunkt zu erwarten ist, wird mit der 5/5 Regel eine stop loss -Order in der Gegenrichtung als Wendestopp (hier stop loss buy) eingerichtet. Wird dieser ausgelöst, so wird automatisch als angehängte Order die neue verlustbegrenzende stop loss Order (hier als stop loss sell) auf dem Tief platziert, ab dem die 5/5 Regel berechnet wurde. Wenn nicht innerhalb von 5 Tagen ausgelöst, so wird der Wendestopp und die dazugehörige neue verlustbegrenzende stop loss Order gelöscht und die bestehende Abwärtsposition beibehalten- bis zum nächsten COT Report am nächsten Samstag. Zur Erinnerung:

- Solange die *Kauf*position der Hedger zunimmt, fällt der Weizenpreis
- Solange die *Verkauf*position der Hedger zunimmt, steigt der Weizenpreis

Die drei Brüder

Eine wesentliche Hilfe ist beim Handel von Weizen, dass die drei US- Brüder W (Chicago Wheat), KW (Kansas Wheat) und MW (Minneapolis Wheat) einander ähnelnde Produkte sind. Es ist sehr hilfreich, alle drei zu beobachten. Ist z.B. die Aussage des COT Report beim Chicago Wheat nicht ganz klar, kann ein Blick auf den

Kansas Wheat helfen. Vielleicht ist die Hedger Position beim KW deutlicher herauszulesen. Es kann auch sein, dass z.B. der Sommerweizen MW die anderen beiden wie im Juni 2017 mitzieht, weil es in Minnesota und North Dakota zu trocken ist. Die gegenseitige Einflussnahme der drei Weizen aufeinander ist in jedem Fall eine Hilfe bei der anstehenden Prognose zur Kursrichtung. Diese Hilfe kann sehr nützlich sein, denn trotz aller genannten Hilfsmittel gilt: *Prognosen sind schwierig, besonders, wenn sie die Zukunft betreffen.*[27]

Spread

Als Spread wird der Preisabstand zwischen zwei Märkten bezeichnet. Sinnvoll ist eine Beobachtung solcher Preisdifferenzen, wenn beide Handelsgüter zueinander in einem bestimmten Verhältnis stehen. Sehr viele Märkte haben einen Zusammenhang miteinander, auch wenn dieser nicht immer sofort offensichtlich ist. Beispiele sind Aktienindices und Gold oder Öl und Aktien und damit dann auch wieder Gold und Öl. Spreads können aber auch bestehen bei sehr ähnlichen Produkten an unterschiedlichen Börsen, wie der

---

[27] Karl Valentin

BMW Aktie im Parketthandel in Stuttgart oder im elektronischen Handel Xetra.

Beim Weizen sind solche Spreads besonders interessant, weil die verschiedenen Handelsplätze und Qualitätsstufen der Ware teilweise auch am Kassamarkt (Markt für physische Ware) in Konkurrenz zueinander stehen.

Soft Red Winter zu Hard Red Winter

Im Normalfall besteht eine Preisstaffel zwischen den drei US- Weizen, die sich aus den unterschiedlichen Qualitäten begründet. Soft Red Winter Wheat (SRW) hat den niedrigsten Preis, Hard Red Winter Wheat (HRW) wird mit einem Preisaufschlag gehandelt und Hard Red Spring Wheat (HRS) bildet die Spitze. Im Handelsvolumen ist die Reihenfolge genau umgekehrt.

Eher die Ausnahme ist, dass SRW phasenweise teurer ist als HRW. Das ist ungewöhnlich, weil der HRW eine deutlich höhere Qualität hat als der SRW. Warum sollte die höherwertige Ware preiswerter sein? Eine Begründung wird sich meist nicht im Kassamarkt finden, sondern in den Eigenheiten des Warenterminmarktes, letztlich eine Frage der Börsenpsychologie. Deswegen hat diese Umkehr der Verhältnisse nicht dauerhaft Bestand. Oft begleitet dieser Spread einen kurzen

Preisanstieg, der in einen Preisverfall bis deutlich unterhalb des Ausgangsniveaus mündet. Am Ende des Kursrutsches, spätestens nach dem Erreichen des Preistiefs, passen die beiden Weizenpreise wieder im richtigen Verhältnis zueinander.

US zu EU Weizen

Preisunterschiede zwischen US und EU Weizen bestehen durchgängig. Welcher Weizen gerade teurer ist, hängt von der Währung ab oder auch den Frachtraten zu den Importeuren. Unterschiedlich verlaufende Ernten auf beiden Seiten des Atlantiks haben einen Einfluss oder auch politische Entscheidungen. Als Orientierungshilfe für die Bestimmung des künftigen Kursverlaufs eignet sich dieser Spread nicht. Es kann zwar sein, dass die Kurse an der Euronext kurzfristig Impulse nach Übersee liefern. Am Ende jedoch gibt Chicago immer die Richtung vor.

Unterschiedliche Liefertermine

Futures auf unterschiedliche Liefermonate haben auch unterschiedliche Preise. Der Normalfall ist bei Weizen, dass der spätere Liefermonat zu einem höheren Preis gehandelt wird. Dieser Preisabstand resultiert aus den Kosten für Lagerung, Versicherung und Finanzierung (Carrying charges), die umso höher sind, je länger gelagert wird. Es ist ein verbreiteter Irrtum, dass der Preis steigen wird, wenn der spätere Liefertermin sehr viel teurer ist als ein Futur auf einen früheren Termin. Umgekehrt wird oft davon ausgegangen, dass der Preis fallen wird, wenn der vordere Termin vielleicht sogar teurer ist, als der hintere. Diese Annahmen sind genau falsch. Es ist im Gegenteil so, dass

- hohe Ernten, hohe Vorräte niedrige Preise und hohe Carrying charges ebenso zusammengehören wie
- niedrige Erntemengen, niedrige Vorräte, hohe Preise und niedrige oder negative Carrying charges [28]

<u>Dieser Zusammenhang ist ein enorm wichtiger Hinweis auf den weiteren Preisverlauf und wird meist völlig falsch gedeutet.</u>

Basis

Die Basis ist der Preis am Kassamarkt abzüglich des Börsenpreises. Sie ist ein Ausgleich regionaler Besonderheiten wie Frachtraten oder Verfügbarkeit der Ware gegenüber dem

---

[28] Edward Usset, Grain Marketing is Simple; University of Minesota

internationalen Börsenpreis. In der Ernte ist der Preisabstand meist größer, als im Frühjahr vor der nächsten Ernte.

Für Getreidehändler aber auch Landwirte ist die Basis sehr wichtig. Jedes Handelshaus, aber auch jede Region, hat ihre eigene sich ständig ändernde Basis. Im Normalfall ist sie für den Landwirt negativ, d.h. der Kassapreis liegt unter dem Börsenpreis. Sie kann aber auch positiv sein.

Die Basis ist kaum geeignet, um künftige Preisentwicklungen vorherzusehen. Es wäre etwa so, wie wenn nicht dem COT Report, sondern einem einzelnen Hedger gefolgt würde. Es spielen zu individuelle Faktoren eine Rolle.

WASDE-, FAO- und IGC- oder COT Report - welcher ist fundamental?

Fundamentaldaten geben auf lange Sicht den Ausschlag, in welche Richtung sich die Preise bewegen. Wie kann es dann aber sein, dass die Preise sinken, wenn die monatlichen Berichte des IGC oder USDA eine enge Versorgungsbilanz ausweisen? Wie kann es sein, dass die Preise vor und in der Ernte stark steigen, danach aber fallen, obwohl die ausgewiesenen Vorräte doch knapp sind? Hier ist es wichtig, die beiden Gruppen, die den Markt bewegen, zu unterscheiden. Die Nichthedger reagieren stark auf die neuesten Zahlen des WASDE Report. Er ist ihre Triebfeder. Die Hedger tun das so nicht. Sie sehen die Ereignisse bevor sie das USDA veröffentlicht, da sie direkt am Puls des Geschehens sind. Umso enger die zu erwartende Versorgungsbilanz ist, umso mehr kaufen sie früh ein. Werden dann einige Wochen nach der Ernte vom IGC klare Aussagen getroffen, wie eng die Bilanz wirklich ist, sind die großen Hedger schon längst versorgt. Ihr Kaufinteresse lässt nach, der Preis sinkt. Und das zu einem Zeitpunkt, wenn in den Berichten wegen der engen Versorgung gewarnt wird. Die dem Spekulanten zugänglichen Daten laufen dem Preis nicht vorweg, sondern hinterher.

Es ist nicht die Frage, wo wieviel geerntet wurde, wie hoch der Bedarf ist oder in welchem Land die Vorräte wie hoch sind. Diese Daten sind dem gewöhnlichen Marktteilnehmer, aber auch dem Analysten erst mit den genannten Berichten zugänglich. Es ist jedoch nicht diese Verspätung das eigentliche Problem, sondern der Stichtag der Betrachtungen. Die entscheidenden Werte neben der Erntemenge - der Verbrauch und die Vorräte - werden zum Stichtag Ende des Getreidejahres, dem folgenden Juni, angestellt. Von der Ernte im

Norden aus ist das bis zu einem Jahr im Voraus. Diese Stichtagsbewertung lässt keine Aussagen darüber zu, was innerhalb des Jahres passiert.

Vielmehr ist es die Frage, *was wem wann gehört*. Ein im WASDE Report im Voraus prognostizierter niedriger Weizenvorrat zum Ende des Getreidejahres sagt nichts darüber aus, wann diese Mengen gehandelt werden oder wurden. Für den Preis ist aber der Zeitpunkt des Handels wichtig. Wenn das USDA weit vorausschauend festhält, das am Ende des Jahres nur noch geringe Vorräte da sein werden, bedeutet das nicht zwangsläufig, dass daraus eine hohe Preissteigerung folgt. Im Gegenteil kann es sogar so sein, dass der Preisanstieg bereits vorweg genommen wurde, gerade weil diese Situation schon zur Ernte absehbar war und deshalb schon im Sommer größere Weizenmengen als üblich eingekauft wurden. Das ist dann an einer extremen Shortposition der Commercial (Hedger) im COT Report ersichtlich, da dieser die Folge großen Einkaufs am Kassamarkt ist. Physisch werden diese Mengen nicht ein zweites Mal gekauft. Die Nachfrage sinkt, weil sie in der Ernte höher war, als sonst üblich. Zusätzlich werden diese besonders hohen früh gekauften Mengen jetzt physisch verkauft, was das Angebot erhöht.

Kleine Ernten werden nie ausverkauft. Diese Betrachtungen gelten für große Erntemengen entsprechend umgekehrt.

Festzuhalten bleibt, dass die monatlichen Berichte des USDA, des IGC oder der FAO die fundamentalen Daten wiedergeben. Verfeinert werden diese Betrachtungen noch durch die umfangreichen Informationen, die der Foreign Agricultural Statistik Service (FASS) oder der National Agricultural Statistik Service (NASS) des USDA bieten. In Hinsicht auf die Beurteilung der fundamentalen Lage am Weizenmarkt sind diese kostenlos erhältlichen Zahlen eine wahre Fundgrube, die inhaltlich und vom Zeithorizont weit über die Tabellen der Monatsberichte hinausreicht.

Für die Einschätzung aktueller und in Jahresfrist zu erwartender Preisbewegungen jedoch ist der COT Report entscheidend. Nur er zeigt indirekt an, wieviel Weizen bereits gekauft - oder verkauft - wurde.

Hedging beim Landwirt

Für den Landwirt ist die Frage *wann* er sein Getreide verkauft die alles Entscheidende. Die Börse bietet hier gegen entsprechende Gebühr einen etwas erweiterten Spielraum, die Möglichkeit einer Korrektur und schließt die Probleme der unbekannten Qualitäten im Vorkontrakt aus- mehr aber auch nicht. Dem Landwirt fehlt das zweite Warengeschäft.

Der Händler hingegen geht an der Börse das Gegengeschäft zum Warengeschäft zweimal ein: Beim Ein- und beim Verkauf. Damit schließt er das Preisrisiko näherungsweise aus und lebt von der Marge. Über den Zeitpunkt der Absicherung braucht der Händler nicht nachzudenken. Sie erfolgt automatisch taggleich zum Warengeschäft an der Börse.

Kein Händler wird einem Landwirt jemals sagen, dass er dessen Weizen nicht kaufe, weil im Moment die Preise zu hoch seien. Bei einem Preisniveau von 250 €/t kauft er genauso, wie bei 150 €/t. Für sein Geschäft spielt das fast keine Rolle. Für den Landwirt jedoch entscheidet dieser Unterschied über seine wirtschaftliche Existenz. Die Börse kann ihm da auch nicht helfen.

Für den Landwirt kann die Börse deshalb niemals die Bedeutung erreichen, wie für den Getreidehändler. Die Suche nach dem richtigen Verkaufszeitpunkt bleibt mit oder ohne Börse für den Landwirt schwierig. Der Getreidehändler hingegen sucht diesen Zeitpunkt überhaupt nicht.

Andere Märkte im COT Report

Der Sojamarkt mit seinem etwa doppelten Handelsvolumen und doppelten Ausschlägen ist übersichtlicher, da deutlich weniger Länder eine Rolle spielen. Der globale Zuckermarkt besteht zu mehr als zwei Dritteln aus in sich abgeschlossenen Binnenmärkten und ist wohl deswegen besonders schwierig.

Grundsätzlich hat der COT Report für alle Märkte eine wesentliche Aussagekraft, sofern drei Bedingungen erfüllt sind:

- Eine physische Ware (Energie, Metall u.a.) ist die Grundlage,
- mindestens 90 % der Positionen sind im COT Report berichtspflichtig und
- es muss der weltweit führende Börsenplatz für diese Ware sein

Bei Währungen ist der Umsatz im Verhältnis zu den Devisenmärkten viel zu gering, als dass der COT Report eine solche Aussagekraft wie bei Rohstoffen haben könnte. Ähnliches gilt für Aktienindices und Anleihen.

Epilog

Bei den Getreidevorräten sind wir Europäer mit Abstand Schlusslicht in der Welt. Unklar ist, wieso wir hier alle Lehren der Geschichte so schnell vergessen haben. Hunger war noch im letzten Jahrhundert auch in Europa häufiger Begleiter.

Auch ist es nicht schwer, sich vorzustellen, wohin sich Menschen aus Afrika wenden werden, wenn die Nahrung weniger wird. Dies umso stärker, da immer mehr Menschen in Afrika der besser verdienenden Mittelschicht angehören.

Vielleicht ist es ein Zeichen der Dekadenz, dass wir landwirtschaftliche Erzeugung beliebig ausbremsen, flächenintensiven Ökolandbau fördern, der damit die Natur einengt und uns hauptsächlich mit Themen wie Digitalisierung und Elektroautos befassen.

Schon immer waren Hunger und Wassermangel Auslöser von großen Völkerwanderungen. Die zu befürchtende Massenflucht des 21. Jahrhunderts wird alles Bisherige in den Schatten stellen.[29]

---

[29] ZDF Wetterexperte Dr. Dieter Walch; 1996

Börsenkürzel, Umrechnungen

Handelsmonate

In Chicago und Minneapolis ist Weizen auf fünf Liefermonate handelbar. Jeder Monat hat einen eigenen Buchstaben zur Bezeichnung:

H   März

K   Mai

N   Juli

U   September

Z   Dezember

Börsenkürzel

Die drei US Weizen haben jeweils ein eigenes Kürzel:

ZW   Chicago Wheat (soft red winter)

KE   Kansas Wheat (hard red winter)

MW Minneapolis Wheat (hard red spring)

Bushel zu Kilogramm

Weizen: 1 bu (Bushel) = 27,216 kg

1000 kg = 36,74 bu

Ein US Kontrakt hat 5000 bu, somit 136,08 t

10 Bu/acre =   0,67 t/ ha

10 t/ ha   = 148,70 Bu/ acre

Symbole im Kontraktkalender

FTD   First Trade Day   erster Handelstag

FHD   First Holding Day

FPD   First Position Day

FND   First Notice Day   erster Tag, an dem in Lieferort zugewiesen wird

FDD   First Delivery Day   erster Tag an dem die Lieferung erfolgen kann

Settlement ist der Tag, an dem der Schlusskurs festgestellt wird.

Wird   das   F   für   first   in   den Buchstabenkombinationen durch L für last ersetzt, bedeutet das den jeweils letzten Tag dieses Ereignisses.

Wichtig für den Beobachter ist nur der First Notice Day FND. An diesem Tag schließt der Broker die Position automatisch, wenn nicht bereits durch den Spekulanten erfolgt.

Broker für den privaten Nutzer

Broker findet man z.B. über Google. Gut geeignet sind Lynx mit Sitz in Berlin oder direkt Interactive Brokers in London. Wichtig ist, dass ein Support in einer Sprache angeboten wird, die dem Nutzer gut geläufig ist.

US Börsenkalender

Beim Börsenhandel in den USA sind die Feiertage zu beachten:

Januar	Dr. Martin Luther King Day
Februar	President´s Day
März	Good Friday
Mai	Memorial Day
July	Independence Day
September	Labor Day
Oktober	Columbus Day
November	Veterans Day
	Thanksgiving
Dezember	Christmas
	New Year´s

Viele deutsche, auch christliche, Feiertage gibt es in den USA hingegen nicht. So z.B. den Pfingstmontag oder Himmelfahrt, Ostermontag oder natürlich auch die Nationalfeiertage.

Weiterführende Literatur

Fachfragen rund um Qualität, Lagerung, Vermarktung u.a.:

Lindhauer, Lösche, Mideaner; Warenkunde Getreide; Agrimedia

Grundlegende analytische Betrachtungen zur Preisabsicherung:

Edward Usset; Grain Marketing is simple, it´s just not easy; University of Minnesota

Allgemeine Darstellung zum Getreidemarkt:

Elaine Kub; Mastering the Grain Markets, Omaha Nebraska

Grundlagenwissen über Futures und Optionen:

Igor Uszczapowski; Optionen und Futures verstehen, dtv

Daten und Fakten über Getreide- und Futtermittelhandel:

Fachfragen für den Getreide- und Futtermittelkaufmann; Agrimedia

Detaillierte Erläuterung des Vorgehens beim Getreidehändler, Grundlagenwerk:

Sherry Loton, Don White; The Art of Grain Merchandising; Stipes Publishing Company

Darstellung der wichtigsten Agrarländer der Welt:

Stefanie Strebel; Landwirtschaft in aller Welt; Agrimedia

Geschichte großer Handelshäuser:

Dan Morgan; Merchants of Grain

Haftungsausschluss

Die Benutzung dieses Buches und die Umsetzung der darin enthaltenen Informationen erfolgt ausdrücklich auf eigenes Risiko. Der Verlag und auch der Autor können für etwaige Schäden jeder Art aus keinem Rechtsgrund eine Haftung übernehmen. Rechts- und Schadenersatzansprüche sind ausgeschlossen. Das Werk inklusive aller Inhalte wurde unter größter Sorgfalt erarbeitet. Dennoch können Druckfehler und Falschinformationen nicht vollständig ausgeschlossen werden. Der Verlag und auch der Autor übernehmen keine Haftung für die Aktualität, Richtigkeit und Vollständigkeit der Inhalte des Buches, ebenso nicht für Druckfehler. Es kann keine juristische Verantwortung sowie Haftung in irgendeiner Form für fehlerhafte Angaben und daraus entstandenen Folgen vom Verlag bzw. Autor übernommen werden. Für die Inhalte von den in diesem Buch abgedruckten Internetseiten sind ausschließlich die Betreiber der jeweiligen Internetseiten verantwortlich.